Staats- und sozialwissenschaftliche Forschungen

herausgegeben

von

Gustav Schmoller und **Max Sering.**

Heft 138.

Ernst Bernhard, Höhere Arbeitsintensität bei kürzerer Arbeitszeit, ihre personalen und technisch-sachlichen Voraussetzungen.

Leipzig,
Verlag von Duncker & Humblot.
1909.

Höhere Arbeitsintensität bei kürzerer Arbeitszeit,

ihre personalen und technisch-sachlichen Voraussetzungen.

Von

Ernst Bernhard.

Leipzig,
Verlag von Duncker & Humblot.
1909.

Alle Rechte vorbehalten.

Altenburg
Pierersche Hofbuchdruckerei
Stephan Geibel & Co.

Vorwort.

Die Verkürzung der Arbeitszeit stellt eine Seite jener großen Bewegung dar, die eine Verbesserung der Arbeitsbedingungen und die Hebung der arbeitenden Klassen in sozialer und geistiger Hinsicht anzubahnen strebt. — Die vorliegende Arbeit beschäftigt sich mit der Möglichkeit höherer Arbeitsintensität bei kürzerer Arbeitszeit, eine Möglichkeit, die durch die Tatsachen vielfach realisiert werden konnte. Die eigentliche Aufgabe bestand darin, systematisch die hierbei mitspielenden Bedingungen und Faktoren darzustellen, sowie ihre Wirksamkeit isoliert, ja teilweise völlig abgelöst von der Beziehung zur Arbeitszeit, nachzuweisen.

Eine derartige Behandlung unter möglichster Berücksichtigung aller Umstände ist dem Problem bisher noch nicht zuteil geworden. Vielleicht könnte man Marx anführen, der von anderen Gesichtspunkten her und mit anderen Zielen in dem „die Intensifikation der Arbeit" betitelten Abschnitt des Kapitals (Bd. 1, 1872, S. 428—439) auf einen Teil der Fragen zu sprechen kommt. Abgesehen von der Kürze der Behandlung sind seine Ausführungen allein von den theoretischen Ideen her orientiert, d. h. alles kreist um den Gedanken der „Produktion des relativen Mehrwerts".

Eine Sonderstellung nimmt in der Literatur Abbes glänzende Untersuchung in Hinsicht auf die persönlichen Ursachen höherer Arbeitsintensität ein. Sein Grundgedanke wurde nur in allgemeinerer Form weitergeführt und nach der psychologischen Seite hin ergänzt. — Im großen und ganzen ging die sonstige literarische Behandlung bisher darauf aus, die Tatsachen in einem rein empirischen Verfahren nebeneinander zu stellen und auf diesem Wege allgemeinere Schlüsse zu bilden. Die objektiv-sachlichen Bedingungen höherer Arbeitsintensität, z. B. der Stand der Technik, werden manchmal gestreift. Von einem Faktor wie der Betriebsorganisation ist fast nirgends die Rede. Dessen bedurfte es freilich nicht, da die Ziele, die sich die Arbeiten von Brentano, S. Webb und H. Cox, Rae, Rost und anderen gesteckt hatten, in ganz anderer Richtung lagen. Ohne das hier gebotene Tatsachenmaterial wäre die vorliegende Arbeit nicht möglich gewesen.

Die bedeutsamen Studien zur Psychophysik der industriellen Arbeit, die **Max Weber** in seinem Archiv jüngst zu veröffentlichen begonnen hat, konnten leider keine Berücksichtigung mehr finden.

Bei seinem systematischen Versuch war der Verfasser bestrebt, das Auge gleichmäßig für die kleinen und die großen Ursachen offen zu halten. Gerade bei so schwierigen, ja umstrittenen Fragen war es angezeigt, von dem Tatsachenmaterial lieber zu viel als zu wenig vorzuführen, selbst da, wo es im Interesse der Durchsichtigkeit und formalen Anlage des Ganzen vielleicht weniger erwünscht gewesen wäre.

Da die Untersuchung im Grunde auf eine systematische, keine historische Darstellung abzweckt, kommt es den Tatsachen gegenüber mehr darauf an, „daß" als „wann" sie existierten. Es ist deshalb in diesem Zusammenhange gleichgültig, ob etwa die angezogenen internationalen Vergleiche der Leistungsfähigkeit durchgehend auch für den heutigen Tag noch zutreffen. Dieser Punkt verdiente sonst vielleicht bei den Daten, die sich auf den deutschen Arbeiter beziehen, zu dessen Gunsten manchmal Berücksichtigung.

Den Herren Professoren v. **Schmoller** und **Sering**, die diese Arbeit durch Rat und Hilfe gefördert haben, stattet der Verfasser auch an dieser Stelle seinen aufrichtigen Dank ab. — Vor allem ist er ferner Herrn Dipl.-Ing. R. **Levetzow** verpflichtet, der ihm durch seine Aufklärungen die Orientierung auf dem schwierigen Gebiet des Maschinenbaues erleichtert hat. Professor **Schlesinger** unterstützte diese Arbeit, indem er in zuvorkommender Weise einige Tabellen aus der Werkstattpraxis zur Verfügung stellte.

Inhaltsangabe.

	Seite
Einleitendes	1—6
Erster Teil. Die Tatsachen höherer Arbeitsintensität bei kürzerer Arbeitszeit	7—18

Bei Einzelbetrieben S. 7—11. — Bei Industrien und Volkswirtschaften S. 11—13. — Erfahrungen der toten Saison S. 13—14. — Die Arbeitsleistung der Überstunden S. 14—15. — Keine Verminderung der Arbeitslosen S. 15—16. — Zusammenfassung und Folgerungen S. 16—18.

Zweiter Teil. Die technisch-organisatorischen Bedingungen höherer Arbeitsintensität bei kürzerer Arbeitszeit . . . . 19—53

Erstes Kapitel. Die technische Analyse der Textilindustrie 20—26

Spinnerei S. 20—22. — Weberei 22—23. — Allgemeine Bedingungen 24. — Geschwindigkeit und automatischer Charakter der Maschinen S. 24—26.

Zweites Kapitel. Die Analyse des Maschinenbaues . . . . 26—38

Arbeitsprozesse und typische Operationen S. 26—29. — Automatische Maschinen 29—30. Steigerung der Leistung in der Praxis 30—31. — Leerlaufen und Ca' canny 32. — Die objektiv-technischen Bedingungen dieser Steigerung, vorzüglich an der amerikanischen Industrie dargelegt: Spezialisierung der Arbeitsfunktion S. 33—34. — Normalisierung und Standardisation S. 34 bis 36. — Meßsysteme S. 36. — Technische Fortschritte 37—38.

Drittes Kapitel. Die Intensivierung der Arbeit durch Vereinigung mehrerer Maschinen in einer Hand . . . . . 38—43

Textilindustrie S. 38—41. — Andere Fälle S. 41—43.

Viertes Kapitel. Die Ordnung der Pausen . . . . 43—47

Fortfall der kleinen Pausen und englische Arbeitszeit S. 44—45. — Die Bedeutung der Mittagspause S. 45—46.

Fünftes Kapitel. Die Betriebsorganisation als Voraussetzung höherer Arbeitsintensität . . . . 47—53

Dritter Teil. Die Eigenart der technisch-organisatorischen Faktoren und die Schranken einer Verdichtung der Produktionsprozesse. . . . . 54—67

Keine Intensivierung bei handwerklichen Produktionsmethoden S. 56—60. — Kleine und handwerkliche Betriebe S. 61—63. — Arbeitszeiten und Betriebsformen S. 64—66. — Die Gegensätze von Stadt und Land S. 66—67.

	Seite
Vierter Teil. Die persönlichen Ursachen höherer Arbeitsintensität bei kürzerer Arbeitszeit	68—78

Ersparnis des „Leergangs" S. 68—70. — Akkord- und Zeitlöhner S. 71—72. — Ein psychologischer Faktor S. 73—75. — Daten, die die Bedeutung des Leergangs herausstellen S. 75—78.

Fünfter Teil. Kürzere Arbeitszeit — ein technisches Postulat 79—89

Tendenzen der technischen Entwicklung S. 79—81. — Steigende Anforderungen an Intelligenz und Aufmerksamkeit S. 82—84. — Steigende Verantwortung S. 84—87. — Die Bedeutung qualifizierter Arbeiter und ihre Ausbildung bei kürzerer Arbeitszeit S. 87—88. — Deutschlands wirtschaftspolitische Lage und die Sozialreform S. 88—89.

Sechster Teil. Die ethischen Voraussetzungen kurzer Arbeitstage 90—94

Pessimismus des 18. Jahrhunderts S. 90-91. — Neuere Erfahrungen in England und anderwärts S. 91—92. — Der deutsche Arbeiter S. 93. — Rückblick auf die englische Entwicklung S. 94.

Benutzte Literatur.

(Nur die wichtigsten Arbeiten werden angeführt.)

Abbe: Sozialpolitische Schriften. Gesammelte Abhandlungen. Bd. 3. 1906.

Arbeitszeit, die, der Fabrikarbeiterinnen, nach Berichten der Gewerbeaufsichtsbeamten, bearbeitet im Reichsamt des Innern. Berlin 1905.

Arbeitszeit, die, in den Fabrikbetrieben Österreichs, dargestellt vom K. K. Arbeitsstat. Amt im Handelsministerium. Wien 1907.

Bernhard, L.: Die Akkordarbeit in Deutschland. 1903.

— Handbuch der Entlöhnungsmethoden. Eine Bearbeitung von D. F. Schloß. 1906.

Biermer: Art. „Arbeitszeit" im Wörterbuch der Volkswirtschaft und im Hdwb. d. St.

Bourdeau: Les Forces de l'Industrie. 1884.

Brauns: Der Übergang von der Handweberei zum Fabrikbetrieb in der niederrheinischen Samt- und Seidenindustrie und die Lage der Arbeiter in dieser Periode. Staats- und soz.-wiss. Forschungen, herausgeg. v. Schmoller u. Sering. 1906.

Brassey: On Work and Wages. 1872.

Brentano: Über das Verhältnis von Arbeitszeit und -Lohn zur Arbeitsleistung. 2. Aufl. 1893.

Eichberg: Über eine Art amerikanischer Werkstattorganisation (System Taylor). Werkstattstechnik, herausgeg. v. G. Schlesinger. 1907.

Fischer: Die Bearbeitung der Metalle. Handbuch der mechanischen Technologie von K. Karmarsch. 6. Aufl., hrsg. von H. Fischer. 1890. Bd. 2. Abt. 1.

Fränkel: Die Länge der Arbeitszeit in Industrie uud Landwirtschaft. 1882.

Freese: Fabrikantensorgen. 1896.

Fritz: Die praktische und theoretische Führung der Baumwollspinnerei. 3. Aufl. 1900.

Fromont: Une Expérience Industrielle de Réduction de la Journée de Travail. Bruxelles 1906.

Grimshaw: Praktische Erfahrungen im Maschinenbau. 1897.

Herbig: Das Verhältnis des Lohns zur Leistung mit besonderer Berücksichtigung des Bergbaues. Jahrb. f. Gesetzgeb. u. Verw. 1908.

Herrmann: Technische Fragen und Probleme der modernen Volkswirtschaft. 1891.

Jahresberichte der Kgl. Preuß. Reg.- und Gewerberäte, besonders 1900 bis 1908.

Kielhorn: Englische und deutsche Normalprofile im Schiffsbau. Stahl und Eisen. 1907.

Kraepelin: Zur Hygiene der Arbeit. Neue Heidelberger Jahrbücher. 1896.

— Die Arbeitskurve. Philosophische Studien, herausgeg. v. Wundt. Bd. 19. 1902.

Kraft: Das System der technischen Arbeit. 1902.

Lang: Das schweizerische Fabrikgesetz und sein Einfluß auf die industriellen Verhältnisse. Arch. f. soz. Gesetzgeb. u. Stat. Bd. XI. 1897.

Levasseur: L'Ouvrier Américain. 2 Bde. 1898.

Liesse, A.: Le Travail aux points de vue scientifique, industriel et social. Paris 1899.

Marshall: Handbuch der Volkswirtschaftslehre. Bd. 1, deutsch 1905.

Martin: Zur Verkürzung der Arbeitszeit in der mechanischen Textilindustrie. Arch. f. soz. Gesetzgeb. u. Stat. Bd. 8.

Marx: Das Kapital. Bd. 1, 2. Aufl. 1873.

Möller: Aus der amerikanischen Werkstattpraxis. 1904.

— Über Schnelldrehstahl. Z. d. V. d. I. 1905.

Müller, E.: Handbuch der Spinnerei. Hdb. d. mechanischen Technologie v. Karmarsch, 6. Aufl., hrsg. v. H. Fischer 1892, Bd. 3, Abt. 1.

— Handbuch der Weberei. Ibid. 1896, Bd. 3, Abt. 2.

Müller, G.: Handwerkszeug und Handwerksmaschine, ein wirtschaftswissenschaftlicher Vergleich. 1906.

Öchelhäuser: Technische Arbeit einst und jetzt. 1906.

Pringsheim: Ein Experiment mit dem Achtstundentag. Arch. f. soz. Gesetzgeb. u. Stat. Bd. 6. 1893.

Psychologische Arbeiten, herausgeg. von Kraepelin. Bis jetzt 3 Bde.

Rae: Eight Hours for Work. 1894.

Rost: Der achtstündige Normalarbeitstag. 1896.

Roth: Gewerbehygiene, im Handb. d. Hygiene, herausgeg. v. Weyl. Bd. 8. 1894.

Schalck: Der Wettkampf der Völker mit besonderer Bezugnahme auf Deutschland und die Vereinigten Staaten von Amerika. Natur u. Staat, T. 7. 1905.

Schuler: Ausgewählte Schriften. 1905.

— Der Normalarbeitstag in seinen Wirkungen auf die Produktion. Arch. f. soz. Gesetzgeb. u. Stat. Bd. 4.

Schulze-Gävernitz: Der Großbetrieb. 1892.

Shadwell: England, Deutschland und Amerika. Moderne Wirtschaftsprobleme, herausgeg. von Leo, Bd. 2. 1908.

Stieda: Art. Sonntagsarbeit, im Hdwb. d. St.

— Die Reichsenquete über Sonntagsarbeit. Jahrb. f. Gesetzgeb. u. Verw. 1888—1889.

Tarifvertrag, der, im Deutschen Reich, bearb. v. Kaiserl. Stat. Amt. 1906.

Tille: Der Wettbewerb weißer und gelber Arbeit in der industriellen Produktion. Soz. wirtsch. Zeitfragen, Heft 2.

— Die deutsche Eisenindustrie und ihr Kampf um den Weltmarkt. Z. d. V. d. I. 1905.

Usher: Moderne Arbeitsmethoden im Maschinenbau. 2. Aufl. 1900.

Webb, S. and H. Cox: The Eight-Hours-Day. 1891.

Wendt: Die Technik als Kulturmacht in sozialer und geistiger Beziehung. 1906.

West: Hie Europa, hie Amerika! 1908.

— Moderne Gesichtspunkte für die Verbesserung der Organisation und der Arbeitsmethoden in Fabrikbetrieben. Gewerbl. techn. Ratgeber. 1907.

— Zur Lage der deutschen Werkzeugmaschinenfabriken. Deutsche Techn. Rundschau. 1905.

Einleitendes.

Die neuere Nationalökonomie hat in ihrer ethisch-realistischen Tendenz stets betont, daß die sachlichen Produktionselemente Natur und Kapital als besondere ökonomische Kategorie eine wesentlich andere Stellung im System der Wirtschaft einzunehmen hätten, als die Arbeit. Dieser Faktor der Produktion müsse von einem grundsätzlich anderen Standpunkt aus betrachtet und beurteilt werden, als die sachlichen Produktionselemente. — Zusammenfassend läßt sich sagen, daß man den Arbeiter als einen Endzweck, als eine selbständige ethische und ökonomische Persönlichkeit ansehen lernte. Von der Ethik her, indem ein Wirtschaftssystem, das den Menschen zum bloßen Mittel eines Zwecks degradierte, als unmoralisch gebrandmarkt wurde; von der Ökonomik her, insofern die Bedeutung des Arbeiters als eines Endzwecks der Wirtschaft, seine Funktion als Konsument hervorgehoben wurde. Diese Sonderstellung der Arbeit ergreift innerhalb der ökonomischen Provinz noch weitere Gebiete.

Jede Kostenerhöhung der sachlichen Produktionsmittel, jede Kürzung ihrer Nutzungszeit gefährdet, alle übrigen Umstände gleich gedacht, die Rentabilität einer Unternehmung, mindert ihre Erträge. Auf der andern Seite steigert unter sonst gleichen Voraussetzungen jede Verlängerung der Nutzungsdauer, jede Verminderung der Sachkosten, Produktivität und Rentabilität. Dagegen wird der persönliche Faktor der Produktion keineswegs in gleich notwendiger Weise durch diese Bestimmungen getroffen. Produktionskosten und Nutzungsdauer erscheinen hier als Arbeitslohn und Arbeitszeit. Ihre Beziehungen zu den Gesamtkosten der Unternehmung können sich besonders gestalten, weil der persönliche Träger der Arbeit als lebendiger Organismus biologische und intellektuelle Qualitäten eigener Art zur Geltung bringt. Er ist ein organisch-physiologischen, nicht mechanisch-physikalischen Normen unterworfenes Wesen. Das vergessen alle die, welche meinen, daß die Arbeit ein rein mechanischer Prozeß sei, der ziemlich gleichmäßig wie die Tätigkeit einer Lokomotive abrollt, und bei dem der letzte Augenblick so wertvoll ist, wie die früheren.

Die Frage nach dem Verhältnis von Arbeitslohn und -zeit zur Arbeitsleistung hat nicht nur im engeren Sinne sozialpolitische Bedeutung, sondern den großen Hintergrund allgemeinerer Kulturbewegungen. Sie geht in letzter Linie auf die weiteren Zusammenhänge zurück, die zwischen Wirtschaftssystem auf der einen, Technik und Produktivität auf der anderen Seite bestehen. Schon Turgot, schon Adam Smith wußten, daß unfreie Arbeit, vor allem die Sklaverei teurer ist als freie; und zwar um so mehr, je höhere technische und wirtschaftliche Anforderungen gestellt werden[1]. Goodloe hat zu zeigen versucht, daß man mit freien Arbeitern statt mit Sklaven denselben Ertrag mit weniger als dem dritten Teil des Kapitals erzielen könne[2]. Der unfreie Arbeiter, sagt Roscher, hat kein Interesse an dem Ertrag seiner Arbeit. Ein freier Mäher mäht so viel, wie zwei bis drei unfreie; bei freien Arbeitern gibt Roggen $8^{1}/_{2}$ statt 3, Gerste $9^{3}/_{4}$ statt 4, Hafer 8 statt $2^{2}/_{3}$ Körner[3].

Für die moderne Sozialpolitik ist die Frage nach dem Verhältnis von Arbeitslohn und -zeit zur Arbeitsleistung von vitaler Bedeutung. Wird doch die Möglichkeit aller Sozialreform — auch im Interesse ihrer Objekte — in Frage gestellt, wenn eine wesentliche Verbesserung der Arbeitsbedingungen die Erträge senkt und die nationale Produktion mindert, das Volksvermögen schädigt und die Konkurrenzfähigkeit dem Auslande gegenüber schwächt. Am schärfsten haben Ricardo und Marx diesen Standpunkt für das Lohnproblem herausgearbeitet und typisch formuliert. Beide konstruieren einen immanenten unversöhnlichen Gegensatz zwischen Arbeitslohn und Unternehmergewinn. Diese sind reziproke Größen, deren Wesen gerade in ihrer Divergenz liegt. Die Schalen dieser Wage können sich nie in gleichem Sinn bewegen[4]. Aus diesen Anschauungen heraus wurde bei jedem Fortschritt der englischen Fabrikgesetzgebung von Industriellen und dem sekundierenden Chor der Nationalökonomen „unwiderleglich" bewiesen, daß die verlangte weitere Kürzung der Arbeitszeit die Industrie ruinieren und des Profits berauben,

---

[1] Turgot, Réflexions sur la Formation et la Distribution des richesses § XXIII (Oeuvres 1844, I., p. 18). — A. Smith, Wealth of Nations, Ed. Routledge 1893, p. 63. — Vgl. ferner Brassey, Work and Wages, 1872, p. 262/63. — A. Liesse, Le Travail aux points de vue scientifique, industriel et social, 1899, p. 246—251.

[2] Nach Halle, Baumwollproduktion und Pflanzungswirtschaft in den Südstaaten von Nordamerika II, 1906, p. 354.

[3] Roscher, System der Volkswirtschaft, Bd. I, 1906, p. 190.

[4] Am knappsten läßt sich dies ausdrücken in der Formel: Profit + Lohn = Konstant (G. Kassel, Das Recht auf den vollen Arbeitsertrag, 1900, p. 155). Folgender Satz bringt sie in charakteristischer Form zum Ausdruck: „It is physically impossible that any permanent rise in wages should take place without corresponding diminution of profits" (Fawcet, Pol. Ec., p. 264, Zitat nach Kassel).

die Preise erhöhen, die Löhne verringern müsse[1]. Einige Heißsporne drohten, ihre Betriebe nach Indien oder auf das Festland zu verlegen. Die Lehre von dem Gewinn aus der letzten Stunde erblickte damals das Licht der Welt. — Ein gleicher Kassandraruf erscholl, als 1878 die Schweiz, 1885 Österreich den elfstündigen Maximalarbeitstag einführten, als 1904/5 das Zehnstundengesetz der deutschen Fabrikarbeiterinnen diskutiert wurde[2]. So stellt jede Erörterung der Beziehungen zwischen Arbeitsbedingungen und Arbeitsintensität eine wichtige Vorfrage aller Sozialpolitik dar. — Die folgende Arbeit berücksichtigt nur die Arbeitszeit und geht von einer besonderen Fragestellung aus, auf die wir zurückkommen. Aus systematischen Gründen wird zunächst ein kurzer Blick auf die jährliche Arbeitszeit geworfen, insofern sie die Leistung beeinflußt.

Wenn man das Verhältnis von Arbeitszeit und Leistung betrachtet, ist, wie V. Böhmert mit Recht fordert, auch die jährliche Arbeitszeit zu berücksichtigen[3]. Die für die Produktivität eines Betriebes maßgebende Leistung ist schließlich allein durch den Jahresertrag gegeben. — Die jährliche Arbeitszeit wird durch das Verhältnis der Werktage zu den Fest- und Feiertagen bestimmt. Die Zahl der letzteren hängt von Sitte und Religion, teilweise auch von Lokalgebräuchen ab. Für Deutschland kann man 300 Arbeitstage als durchschnittliche Norm rechnen, eine Zahl, die auch Unfall- und Invalidengesetz angenommen haben. Ebenso wird z. B. in den Betrieben der Reichs-Marineverwaltung ein Mann als Vollarbeiter gerechnet, wenn er jährlich 300 Tagewerke verrichtet. — Bei Meran sind dagegen über 130 Feiertage, in Süddeutschland, wie in anderen katholischen Ländern 90 und mehr die Regel[4]. In dieser Hinsicht liegt vielleicht ein wahrer Kern in der Ansicht, daß die katholischen Länder den protestantischen an wirtschaftlicher Energie nachständen[5]. — Auf der Reichsversammlung zu Nürnberg 1522 herrscht allgemeine Klage über die Menge der Feiertage, von denen die katholische Kirche bis zu Clemens XIV., also bis ins 18. Jahr-

---

[1] S. Webb and H. Cox, The Eight Hours Day, 1891, p. 95.
[2] F. Schuler, 20 Jahre Normalarbeitstag in der Schweiz, Ausgew. Schriften, 1905, S. 96. — Die Neubelastung der österr. Industrie durch den 11-Stundentag, vom Verein d. österr. Baumwollspinner. — Verh. Mitt. u. Ber. d. Zentralverb. deutsch. Indust., 1905, S. 95. — Die Arbeitszeit der Fabrikarbeiterinnen, 1905, S. 276 seq.
[3] Hdwb. d. St. I, S. 1008.
[4] Brentano, Über das Verhältnis von Arbeitszeit und Lohn zur Arbeitsleistung, 1893, S. 27.
[5] In Gegenden mit überwiegend katholischer Bevölkerung beklagen sich heute noch Unternehmer über den Verlust, der ihnen aus den zahlreichen Feiertagen erwächst. Vgl. die Arbeitszeit der Fabrikarbeiterinnen, S. 107.

hundert über 150 besaß[1]. Unter Joseph II. werden 1772 in Österreich nicht weniger als 22 Feiertage in Arbeitstage verwandelt[2]. Außer mit der Zahl der Feiertage schwankt die jährliche Arbeitszeit nach Berufen. Sie wird weiter von der Wirtschaftslage sowie den durch Krankheit und Streiks verlorenen Tagen bestimmt[3].

Die Sitte, den siebenten Tag der Woche zu ruhen, scheint den Bedürfnissen der menschlichen Natur am zweckmäßigsten zu entsprechen, da sich diese Institution im Anschluß an religiöse und astronomische Vorstellungen dauernd bei den verschiedensten Völkern, bei Ägyptern, Babyloniern, Hebräern, Indiern, in China, Arabien, Persien eingebürgert hat[4]. Griechen und Römern scheint der regelmäßige Sonntag trotz zahlreicher Feiertage gefehlt zu haben[5]. Von der historischen Entwicklung des Sabbats im Altertum, des Sonntags im Mittelalter und Neuzeit braucht hier nicht weiter die Rede zu sein. Überall hat sich wahrscheinlich ein Wort Proudhons bestätigt: „L'observation montre que là où le dimanche n'est pas respecté, on ne travaille pas davantage, peut-être moins que d'ailleurs." Heute sind England und Amerika mit strenger Sonntagsheiligung durchaus konkurrenzfähig. Ebenso ist die Leistungsfähigkeit der Industrie nach Durchführung der Sonntagsruhe bei uns im großen ganzen auf gleicher Höhe geblieben[6]. Ein

---

[1] J. Möser, Gedanken über die Abschaffung der Feiertage, Patriotische Phantasien, 1842, II, S. 146. — Roscher, System d. Volksw. I, 1906, S. 190.

[2] Archiv f. Nat. u. Stat. VIII, S. 241.

[3] Im Staate New York betrug z. B. die jährliche Arbeitszeit 1898: in der Metall- und Maschinenindustrie 272, im Baugewerbe 224, bei den Buchdruckern 259 Tage (nach dem 19 th annual Report of the Bureau of Labor 1901). — Arbeiter im Freien haben weniger Arbeitstage, Erdarbeiter z. B. 240—270. In Deutschland kommen auf Versicherten 5—6 Krankentage (Schmoller, Grundriß II, S. 350). Nach Engels (Preis der Arbeit, S. 42) beträgt die mittlere Zahl der Krankentage im Alter von 20 Jahren 6,01 Tage; für 40 Jahre 7,95; für 60 Jahre 17,1, für 65 Jahre 22,8 Tage. — In England zählte man 1890—1900 zwischen 2,5 und 31 Millionen durch Streik verlorene Tage, durchschnittlich 1,25 Tage jährlich (Schmoller II, S. 407). Leone Levi berechnet 1879 das Gesamteinkommen der englischen Arbeiter auf 503 Mill. $\mathscr{L}$; für freiwillige oder erzwungene Ruhetage, Erkrankungen usw. sind nach seiner Schätzung bei 4 239 000 Arbeitern der Textil-, Metallindustrie, des Bergbaues 80 Mill. $\mathscr{L}$ abzuziehen, d. h. mehr als ein Fünftel (Scherzer, Weltindustrien, S. 264)

[4] Kräpelin, Zur Hygiene der Arbeit, Neue Heidelberger Jahrb., 1896, S. 239. — Macauly, Speeches 1854 (Ten Hours Bill), S. 444/45. — L. v. Buch, Elem. d. pol. Ök., 1896, S. 41. — Schmoller, Grundriß II, S. 282. — Stieda, Jahrb. f. Gesetzgeb. u. Verw., 1888 u. 1889, S. 1129 bis 1150, Die Sonntagsfrage in älterer Zeit, S. 1150—78 im 19. Jahrhundert.

[5] E. Reich, Studien über die Feiertage, 1874, S. 6, 8.

[6] Stieda, Hdwb. d. St., Bd. VI, Art. Sonntagsarbeit, S. 777. — Jahrb. 1889, S. 61.

Unternehmer der Töpferei-, Steingut- und Porzellanindustrie sagt, daß seine Sonntags feiernden Leute bei gleichen Stücklöhnen mehr verdienen, als die Arbeiter anderer Betriebe ohne Sonntagsruhe. Ein anderer behauptet sogar, daß die Akkordarbeiter, wenn ihnen Sonntagsarbeit und Überstunden gestattet seien, 15—20 % weniger als sonst verdienten[1]. In einem englischen Steinbruch wirkte eine zweitägige Ruhepause gelegentlich so günstig, daß in 5 Tagen dasselbe wie in 6 Tagen geleistet werden konnte[2]. Ein verkürzter Sonntag ruft vielfach den blauen Montag hervor, eine alte, sicher bis ins 16. Jahrhundert zurückgehende Unsitte, die von den Arbeitern bei Überanstrengung eigenmächtig in Anspruch genommen wurde[3]. Allgemein darf man sagen, daß der Ausfall der Sonntagsarbeit wöchentliche und Jahresleistung nicht vermindert, soweit es von den Fähigkeiten des Arbeiters abhängt.

In eindringlicher Weise wird das Bedürfnis nach wöchentlicher Erholung und totaler Ausspannung der Kräfte zur völligen Beseitigung der Ermüdungsstoffe durch die Unfallstatistik illustriert. Wenn auf 1 Tag 1 Unfall kommt, weisen die Zahlen der gewerblichen Berufsgenossenschaften 1897 folgendes Bild auf[4]: Sonntag 0,15, Montag 1,23, Dienstag 1,17, Mittwoch 1,10, Donnerstag 1,10, Freitag 1,06, Sonnabend 1,19. Die landwirtschaftliche Statistik verläuft für 1901 ähnlich: 0,29, 1,22, 1,06, 1,05, 1,09, 1,12, 1,17 (Sonnabend). Durchschnittlich zeigt der Montag und Sonnabend eine Zunahme der Unfälle. Hierbei ist zu beachten, daß sich die Hälfte aller Unfälle nach der Berechnung E. Roths durch den Arbeiter selbst vermeiden läßt[5]. Die höhere Unfallziffer des Montags ist auf schlechte Sonntagsgebräuche zurückzuführen. — Eine räumlich enger begrenzte Beobachtungsreihe bringt diese Tatsachen noch besser in Relief. Der Gewerbeinspektor für Schwaben und Neuburg zeigt, daß 1892 die Zahl der Unfälle mit der Woche wächst. Von den 546 Unfällen ereigneten sich pro Mille 800 am Montag, Dienstag und Mittwoch 780, am Donnerstag 950, Freitag 940 und Sonnabend 970[6].

Abgesehen von gelegentlicher Erholung durch Arbeiterferien, bei Urlaub, Krankheit, Arbeitslosigkeit usw. dürften wöchentliche Feiertage bei kurzen täglichen Arbeitszeiten den

---

[1] Enquete über Sonntagsarbeit, 1885. Nach Stieda, Hdwb. d. St., VI, S. 774.

[2] J. Rae, Eight Hours for Work, 1894, p. 45.

[3] H. Fränkel, Die Länge der Arbeitszeit in Industrie und Landwirtschaft, 1882, S 14.

[4] Reichsarbeitsblatt 1906 Nr. 8, S. 737.

[5] E. Roth, Hdb. d. Hyg., herausgeg. v. Weyl, Bd. 8, Gewerbehyg., S. 24—26; vgl. ferner die Ursachen der Unfälle und Invalidität, Reichsarbeitsblatt 1906, S. 739.

[6] B. Rost, Der achtstündige Normalarbeitstag, 1896, S. 144.

hygienischen Forderungen am besten genügen. Die westeuropäisch-amerikanische Sitte relativ kurzer Arbeitstage, wöchentlicher Ruhepausen und weniger großer Festtage gewährleistet eine höhere Produktivität als die Verteilung von Arbeit und Ruhe, der etwa Rußland und Italien folgen[1]. In diesen Ländern genießt die Bevölkerung freilich mehr ganze Feiertage: die tägliche Arbeitszeit ist aber ungleich länger, woraus gerade die Neigung zu Ausschweifungen an den Ruhetagen entspringt[2].

Schließlich sei ein radikaler Vorschlag E. v. Hartmanns erwähnt[3]. Um die nationale Produktion bedeutend zu steigern, solle der feste Sonntag durch einen allgemein gleitenden Ruhetag ersetzt werden. Das Brachliegen des Kapitals an 52 Tagen im Jahre sei eine Verschwendung, die vermieden wird, wenn die Arbeit Sonntags weiterläuft und ein Siebentel der Arbeiter abwechselnd jeden Tag frei hat. Die Berechtigung, diesen Gedanken anzuführen, liegt darin, daß er in der Wirklichkeit schon eine Rolle spielt. Große Hotel- und Restaurationsbetriebe, vorzüglich aber die Verkehrs- und Transportgewerbe, die im öffentlichen Interesse keine Sonntagsruhe vertragen, haben den gleitenden Ruhetag bereits realisiert. — Diese einleitenden Betrachtungen seien durch ein paar Macaulysche Worte abgeschlossen, die mit ihrer machtvollen Rhetorik ebenso als Motto für das folgende gelten können: „Während der Fleiß aussetzt und der Pflug in der Furche liegt, während die Börse schweigt und kein Rauch aus der Fabrik aufsteigt, findet ein Vorgang statt, der für den Reichtum der Nationen ebenso wichtig ist, wie irgend ein Vorgang, der an geschäftigeren Tagen ausgeführt wird[4]."

---

[1] Vgl. A. Shadwell, England, Deutschland und Amerika, 1907, S. 335. Über den englischen Sonntag vgl. K. Peters, England und die Engländer, S. 200. — Feiertage in Rußland: in den Kohlenfeldern des Donezbeckens hat das Jahr z. B. nur 240 Arbeitstage (Zeitschrift für Sozialw., 1902, S. 134).
[2] Auch hier gilt die Bemerkung von A. Smith (Wealth of Nations, Chap. 8 ed. Routledge, 1893, p. 64) „It will be found, that the man who works so moderately as to be able to work constantly, not only preserves his health longest but in the course of the year executes the greatest quantity of work."
[3] E. v. Hartmann, Die sozialen Kernfragen, 1894, S. 377—383.
[4] Macauly, Rede zur Zehnstunden-Bill, Speeches 1854, S. 453.

Erster Teil.
Die Tatsachen höherer Arbeitsintensität bei kürzerer Arbeitszeit.

Wir wenden uns der täglichen Arbeitszeit zu, dem eigentlichen Thema dieser Arbeit, deren Fragestellung folgendermaßen zu präzisieren ist. Weder war die Absicht, neues Tatsachenmaterial für oder gegen kürzere Arbeitszeit zusammenzutragen, noch sollte ihre Einführung in die Praxis erörtert werden. Dagegen wurde eine Darstellung aller der Bedingungen und Faktoren erstrebt, die in soundsovielen Fällen trotz kürzerer Arbeitsschicht höhere Arbeitsintensität, Gleichbleiben, ja Steigerung der Erträge ermöglicht und bewirkt haben. Welche Rolle spielte dabei das persönliche Element, welche das Kapital, die Technik? — Mit dieser Einengung und Wendung des Problems auf die Analyse eines Gegebenen gewinnt die Fragestellung zugleich einen methodisch sicheren Rückhalt. — Zunächst sei eine Anzahl dieser Fälle, wie eine Reihe anderer Tatsachen vorgeführt, die das Bestehen und die Wirksamkeit einer Tendenz zu höherer Arbeitsintensität bei kürzerer Arbeitszeit allgemein aufklären sollen. Ob diese Beispiele und Tatsachen durchgehend typische Fälle repräsentieren, ist eine Frage für sich. In ihrer Gesamtheit liefern sie sicher den strikten Nachweis, daß der einzelne Fall nicht auf Grund von Zufälligkeiten, unter besonders günstigen Umständen oder mit Hilfe singulärer technischer und betrieblicher Faktoren zustande kam. Insofern besteht freilich ein gewichtiger Unterschied, ob der Arbeitstag von 12 auf 11 Stunden, d. h. um $8^1/_3\,\%$, oder von 9 auf 8 Stunden, also um $11^1/_9\,\%$, oder von 12 auf 10 Stunden herabgeht. Durch den Begriff der „Tendenz" läßt sich diese Schwierigkeit zunächst überbrücken.

Das vorliegende Material über die Wirkungen kürzerer Arbeitszeit ist nicht gering. Während die meisten Beobachtungen nur allgemeine Resultate überschlagsweise wiesergeben, sind die von Ernst Abbe in der optischen Werkstatt von Zeiß gemachten Erfahrungen um so wertvoller, da sie eine streng ziffermäßige Begründung ergeben[1]. Sie sollen deshalb genauer angeführt werden. Im März 1900 wird die Arbeitszeit der optischen Werkstatt von 9 auf 8 Stunden verkürzt. Zeit- und Akkordlöhne, Geschäftsgang und Maschinen — das ist nicht unwichtig — bleiben vor- und nachher gleich. In der folgenden Zusammenstellung werden die Stundenverdienste von 233 Akkordarbeitern im letzen Jahre des Neunstundentags mit denen im ersten Jahr des Achtstundentags konfrontiert.

Jahr	Gesamtzahl der Akkordstunden	Dafür bezahlte Lohnsumme in Mk.	Verdienst pro Stunde in Pfg.	Verhältnis
1899/1000	559 169 (Durchschnitt pro Mann 2400)	345 899	61,9	100 : 116,2
1900/1901	509 559 (Durchschnitt pro Mann 2187)	366 484	71,9	

Summa summarum ist das wichtige Resultat, daß nicht eine Verminderung, sondern sogar eine kleine Erhöhung der Tagesleistung stattfindet[2]. Auf Grund einer sorgfältigen Lohnstatistik gelingt der Nachweis, daß sich der Stundenverdienst nicht um 12,5 %, was dem status quo ante entsprochen hätte, sondern durchschnittlich um 16,2 %, d. h. 3,7 % mehr, erhöht. Mit anderen Worten: 30 Leute machen jetzt in 8, was früher 31 in 9 Stunden schafften, oder jeder leistet 10 Tage mehr Arbeit im Jahr. Dieser Mehrertrag ist ziemlich gleichmäßig über alle Altersklassen verteilt, während die gröberen Arbeiten eine kleine Erhöhung aufweisen[3]. Im großen ganzen ist das Ergebnis bei allen gleich günstig. Nach 1904 sagt der neue Direktor der Zeißwerke: „Wir sind mit dem Ergebnis dauernd zufrieden[4]." Diese Zahlen genügen allen methodologischen Anforderungen. Sie entstammen einem genügend großen, sorgfältig gesiebten Ziffernmaterial von 230 Mann, die genügend lange von 1899—1901, also 2 Jahre, beobachtet wurden. Sämtliche Bedingungen bleiben gleich, während ein einziger Faktor variiert, so daß nur ihm eine Änderung des Erfolges zugerechnet werden kann.

Ähnliche Erfolge zeitigte der Achtstundentag in der Stahlfederfabrik von Heintze & Blankertz. Ebenso findet Freese

---

[1] Ernst Abbe, Gesammelte Abhandlungen, Bd. 3, Sozialpolitische Schriften 1906: Die volkswirtschaftliche Bedeutung der Verkürzung des industriellen Arbeitstages, S. 203 ff.
[2] Abbe, S. 205. — Die Tabelle a. a. O., S. 246.
[3] Abbe, S. 211—212, 247.
[4] Volkswohl 1905, S. 100.

in seiner Jalousiefabrik, daß trotz einer Zeit schlechten Geschäftsgangs die Mehrzahl der Arbeiter im Achtstundentag denselben, ja höheren Lohn bezieht. Wichtig ist, daß die Qualität nicht gelitten hat[1]. Eine größere Steingutfabrik ersetzt elfstündige Schichten mit neuneinhalbstündiger effektiver Arbeitsdauer durch achtstündigen Schichtwechsel. „Lohn und Leistungen sind auf die Dauer nicht nur nicht gefallen, sondern gegenüber der früheren längeren Schicht bei den schwächeren Arbeitern etwas, bei den stärkeren bis zu 11% gestiegen[2]." Eine kleine Erhöhung des Verdienstes wird auch in einer größeren Jagdwarenfabrik erzielt, die statt zehn- neunstündigen Betrieb einführt. Eine Isoliermittelfabrik, die im Laufe von 8 Jahren dazu übergeht, die Arbeitszeit von 10 auf 7 Stunden zu reduzieren, stellt bei dem Eintritt der siebenstündigen Arbeitszeit nach wenigen Tagen die Achtstundenleistung fest. Die Akkordsätze bleiben unverändert[3].

Aus einer ganz anderen Sphäre stammen die exakten und bedeutsamen Resultate, die Fromont in den Schwefelsäurefabriken der belgischen Société des Produits Chimiques von Engis erzielte[4]. Vor 1892 wurde das Rösten der Zinkblende bei kontinuirlichem Betrieb in zwei zwölfstündigen Schichten verrichtet, von denen jede eine effektive Arbeitszeit von 10 Stunden einschloß. Seit 1892 herrscht ein neues System, das auf drei achtstündigen Schichten beruht, die einer Nettoarbeitszeit von 7 1/2 Stunden entsprechen[5]. Nach weniger als 6 Monaten gelingt es den Arbeitern, mit den gleichen Öfen und Rohstoffen 1000 kg gerösteter Blende, d. h. dieselbe Menge wie bei zwölfstündiger Schicht mit zehnstündiger Produktionszeit herzustellen[6]. Stündliche Produktivität und Intensität der Arbeit sind also um 33,33 % gestiegen. Bei einem Betrieb von 90 Mann hält dieser Erfolg länger als 12 Jahre steigend an. Dieses Ergebnis ist absolut sicher, denn der Lohn richtet sich genau nach dem Gewicht der verarbeiteten Blende.

Ersatz zwölfstündiger durch achtstündige Schichten hat in einer Sodafabrik, in den Nostizschen Eisenwerken zu Rothau in Böhmen, bei einem Stabeisenwerk im Regierungsbezirk Minden ähnliche Resultate im Gefolge[7]. An den Hoch-

---

[1] Freese, Fabrikantensorgen, 1896, S. 18. — Pringsheim, Arch. f. soz. Gesetzgeb. u. Stat. VI, S. 18 u. 21, bringt die detaillierte Statistik des Freeseschen Betriebs.

[2] Jahresberichte der Kgl. preuß. Regierungs- u. Gewerberäte f. 1904, S. 484—485.

[3] Beide Fälle nach den Jahresberichten für 1905, S. 40.

[4] L. G. Fromont, Une Expérience Industrielle de Réduction de la Journée de Travail. Bruxelles 1906.

[5] Fromont, S. 45, 53.

[6] Fromont, S. 75—76.

[7] Sodafabrik: Die Arbeitszeit der Fabrikarbeiterinnen, 1905, S. 151. — Rothauer Eisenwerk: Sozialpolitisches Zentralblatt, 1894,

öfen von Northumberland und Northlancashire verdienen die Leute in drei Achtstundenschichten ebensoviel, wie die Leute in anderen Distrikten mit längerer Arbeitszeit[1].

Aus dem Gebiet der Metallverarbeitung ist vor allem der bekannte Versuch der Firma Mather & Platt anzuführen[2]. Der Einwurf, daß ein kleines Zahlenmaterial zu wenig beweise, ist hier hinfällig, denn es handelt sich um einen Großbetrieb von 12 000 Mann, der die verschiedensten Arbeitsprozesse einer Maschinenfabrik umfaßt. Als die wöchentliche Arbeitszeit 1893 von 53 auf 48 Stunden, also um 10 % herabgesetzt wird, bleiben technische Bedingungen, wie Geschwindigkeit der Maschinen unverändert. Das Ergebnis des Versuchsjahres faßt Mather, indem er den Durchschnittsertrag von 6 vorangehenden Jahren dagegenhält, so zusammen: „Das Produkt war der Qualität nach ähnlich; in Bezug auf die Menge war der Ertrag des Versuchsjahrs wirklich größer[3]." Mathers Resultate sind nicht wertlos; selbst wenn der Einwand zutrifft, daß vorher 10 % der Arbeiter durch tüchtigere Kräfte ersetzt worden seien[4]. Der Nachdruck ist darauf zu legen, daß es möglich war, auf der gleichen Produktionsbasis, also mit den gleichen selbsttätigen Maschinen, die Arbeitsintensität zu steigern.

Den Charakter eines Experiments trug auch ein auf Veranlassung des Kongresses der Vereinigten Staaten unternommener Versuch[5]. Um nämlich Material für den Achtstundentag der Staatsbetriebe zu beschaffen, werden zwei erstklassige Schlachtschiffe in Auftrag gegeben. Die „Connecticut" wird bei achtstündiger Arbeitszeit auf der staatlichen Werft gebaut, die „Louisiana" wird einer Privatwerft mit zehnstündiger Arbeitsschicht übergeben. Der Rumpf der „Louisiana" war in 568 Tagen zu 54,5 %, der der von der Staatswerft gebauten „Connecticut" in 570 Tagen zu 53,59 % fertig geworden. Das Gewicht der in jeder Arbeitsstunde verbrauchten Materialien betrug bei der „Louisiana" 5,0608 Pfund, bei dem Schwesterschiff aber 6,2995 Pfund. Die stündliche Durch-

---

S. 91—92. — Stabeisenwerk: Jahresber. d. pr. Reg.- u. Gewerberäte 1907, S. 322. — Ein hierher gehörender, sehr interessanter Fall wird von Bosselmann, Schr. d. V. f. S. Bd. 106, 1903, S. 9, mitgeteilt.

[1] Royal Commission on Labour, 1892, Minutes of Evidence group A vol. II, p. 258 (qu. 13, 948—955).
[2] Eduard Mather, The 48 hours week, a years experiment at the Salford Jron Works. Dazu der Bericht der Times vom 29. März 1894. — Ferner J Rae, Eight Hours for Work, p. VII seq. — Verh., Mitt. u. Ber. d. Zentr.-Verb. d. Industr. Nr. 62 (Mathers eigener Bericht war dem Verfasser nicht zugänglich).
[3] John Rae, S. VII.
[4] Verh., Mitt. u. Ber. d. Zentr.-Verb. d. Industr., 1905, Nr. 101, S. 57, Nr. 104, S. 240.
[5] Reichsarbeitsblatt 1905, S. 483.

schnittsleistung bei achtstündiger Arbeitszeit übertraf also die bei zehnstündiger um 24,48 %. Die Staatswerft verfügte freilich über vorzügliches Menschenmaterial; in technischer Hinsicht war sie kaum überlegen.

Die Schiffsbaufirma Short Gebrüder in Sounderland hat seit 1891 die wöchentliche Arbeitszeit von 53 auf 48 Stunden herabgesetzt. Die Leistung ist nach siebenjährigem Versuch nicht geringer, sondern größer geworden[1]. Schließlich sei noch ein Versuch größten Stils erwähnt. Seit 1894 arbeiten 18 641 Mann in den englischen Regierungswerkstätten, vor allem im Arsenal von Woolwich, im Achtstundensystem, also $5^3/_4$ Stunden weniger in jeder Woche als früher. Der amtliche Bericht des Kriegsministers über die zehnjährige Wirkung kürzerer Arbeitszeit zeigt, daß weder die Produktionskosten gestiegen sind, noch der Ertrag sich verringert hat[2].

Die Wirkungen kürzerer Arbeitsdauer auf ganze Industrien und Volkswirtschaften lassen sich einigermaßen durch die gesetzlichen Arbeitszeiteinschränkungen illustrieren. Für höhere Arbeitsintensität in der Textilindustrie können überwiegend nur die Ergebnisse des zehn- und elfstündigen Normalarbeitstages angeführt werden. 1847 geht das Zehnstundengesetz im englischen Parlament durch. 1859 berichtet Fabrikinspektor Baker, daß trotz der Reduktion der Arbeitswoche von 69 auf 60 Stunden die Löhne sich in einigen Fällen um 40 %, durchschnittlich aber mindestens um 12 % gehoben hätten, ohne daß die Produktion der Textilindustrie vermindert, der nationale Wohlstand gesunken sei[3]. Seit Erlaß des Gesetzes hat sich der Verbrauch an roher Baumwolle verdreifacht[4].

1878 führt die Schweiz den elfstündigen Normalarbeitstag ein. Österreich folgt 1885. „Wir dürfen ruhig mit den besten Kennern der Industrie behaupten: wir haben durch die Verkürzung der Arbeitsdauer nichts verloren." So lautet Schulers Urteil für die Schweiz[5]. In seinem Bericht von 1894 sagt der österreichische Gewerbeinspektor für Reichenberg i. B.:

„Wie unbegründet die seinerzeit geäußerten Besorgnisse waren,

---

[1] Soziale Praxis 1898, S. 1371. — Nach den Jahresberichten für 1907 haben die Schiffswerften und fast alle größeren Betriebe der Maschinen- und Metallverarbeitungsindustrie im Reg.-Bez. Lüneburg und Stade ihre Arbeitszeit von 10 auf 9½ Stunden herabgesetzt, ohne daß die Leistungsfähigkeit irgendwie beeinträchtigt worden ist (Jahresbericht d. pr. Aufsichtsbeamten f. 1907, S. 292).
[2] Labour Gazette, 1905, p. 196; ebenso Soziale Praxis, 1905, Nr. 43.
[3] Sidney Webb S. 96.
[4] Brentano, Das Verh. v. Arbeitsl. u. Arbeitsz. z. Arbeitsleistung, 1893, S 21
[5] F. Schuler, Das Fabrikgesetz und die Konkurrenzfähigkeit der schweizerischen Industrie. Ausgew. Schriften, 1905, S. 92.

welche seitens der Industriellen, besonders aber jener der Textilbranche anläßlich der gesetzlichen Festsetzung der Arbeitszeit auf 11 Stunden vorgebracht wurden, ist bekannt. ... Sind ja die bei dieser Gelegenheit vorgebrachten Prophezeiungen, betreffend den Niedergang der Industrie durch das geradezu beispiellose Emporblühen derselben in den letzten Jahren widerlegt worden [1]."

Diese Entwicklung einer Industrie ist unmittelbar gewiß einer günstigen Konjunktur zu verdanken. Zunächst beweisen diese Tatsachen, wie das erwähnte Anwachsen der englischen Produktionszahlen, daß Arbeitszeitminderung in der Textilindustrie keineswegs notwendig und ausnahmslos die angekündigten Schädigungen im Gefolge hat, Lohn und Ertrag regelmäßig senken muß [2]. Schon wenige Beispiele genügen, um diese Behauptung in Relief zu bringen. Blocher berechnet das Verhältnis der Jahreserträge für seinen Spinnereibetrieb folgendermaßen [3]. Wenn man 1873 mit zwölfstündiger Arbeitszeit gleich 100 setzt, so zeigt 1878 bei 11 Stunden 97,6; 1879 schon 101,9; 1880 dann 105,5; 1881 110,8; 1882 schließlich 102,6. — Eine Selfaktorspinnerei produziert mit den gleichen Maschinen, Rohstoffen und Garnnummern 388 statt 372 kg pro Tag [4]. — Der Gewerbeinspektor für den Unterelsaß bringt genauere Angaben in einem Fall, bei dem die Arbeitszeit gleichfalls um 8,3 % verkürzt wurde [5].

Durchschnittliche Produktion in Meterlänge pro Webstuhl und Arbeitstag.

Nummer des Gewerbes	1891 12-Stundentag	1893 11-Stundentag	Steigerung %
1	34	38	11,7
2	32	38	18,7
3	32	36	12,5
4	24	27	12,5
5	21	25	19
6	21	23	9,5
7	21	23½	6,8

Die benachbarten schweizer und italienischen Textilindustrien konkurrieren natürlich miteinander. Nirgends ist ein Zeichen dafür aufgetreten, daß Italien mit seinen langen

---

[1] Ber. d. K. K. Gewerbeinspektion i. J. 1894, S. 196; n. Rost S. 94.
[2] S. Webb S. 97, 102. — Brentano S. 18.
[3] Lang, Arch. f. soz. Gesetzgeb. u. Stat. XI, S. 121.
[4] Schuler, Schriften, S. 98.
[5] Die Arbeitszeit der Fabrikarbeiterinnen, bearb. im Reichsamt des Innern, 1905, S. 262.

Arbeitszeiten der schweizer Industrie Abbruch getan hätte[1]. Viel schärfer mußte freilich die Konkurrenz zwischen Massachusets mit gesetzlichem Zehnstundentag auf der einen Seite, Connecticut und Rhode-Island mit längerer Arbeitszeit auf der anderen entbrennen. 1874 wird der Untergang der Textilindustrie von Massachusets prophezeit. Jeder Nachteil kürzerer Arbeitszeit hätte verderbliche Folgen gehabt. Klima und Arbeiter, Rohstoff und Kapitalzins, Einkaufsgelegenheiten und Märkte: alles war gleich in den drei Staaten. Man kann fast von einem experimentum crucis sprechen. 1881 stellt Carol D. Wright, der hervorragende Statistiker, eine genaue Untersuchung an. „Es unterliegt keinem Zweifel," so faßt er zusammen, „daß Massachusets in 10 Stunden pro Kopf, Spindel und Webstuhl, jedesmal die gleichen Kategorien verglichen, ebenso viel produziert wie andere Staaten mit 11 und mehr Stunden, ferner, daß die Löhne hier ebenso hoch, wenn nicht höher sind, als in Staaten, wo die Betriebe länger laufen[2]."

Schon 1872 führt übrigens der Bericht des Labour Bureau 24 Betriebe an, unter denen sich Schiffs- und Maschinenbauanstalten, sowie Schuh-, Draht-, Stuhl-, Klavierfabriken befinden, und bei denen freiwillige Einführung des Zehnstundentages günstige Ergebnisse gezeitigt hat[3]. Die große deutsche Umfrage über „die Arbeitszeit der Fabrikarbeiterinnen" vom Jahre 1902 enthält in Fülle parallele Beobachtungen. Leinenwebereien und Hutfabriken, Betriebe der Porzellan-, Glas-, Schuh- und Zigarrenindustrie haben mit dem Zehnstundentag glückliche, teilweise glänzende Erfolge erzielt. Uhren- und Zündholzfabriken schließen sich an[4]. Ohne Verluste wurde neunstündige Arbeitszeit in Schuh- und Möbelfabriken eingeführt[5].

Eine kaum erwartete Bestätigung dieser Ergebnisse fanden einzelne Industrielle, die bei schlechtem Geschäftsgang, in der toten Saison ihre Produktion durch Minderung der Arbeitszeit einzuschränken gedachten; Verhältnisse, wo nach der Lage der Dinge technische und ertragsteigernde Betriebsverbesserungen a limine ausgeschlossen waren. Trotzdem sind die Resultate so erstaunlich, daß auf sie besonderer Nachdruck gelegt werden muß. Eine Spiralenfabrik setzt die Arbeitszeit

---

[1] Hdwb. d. St. I, S. 1028. — Immer ist natürlich die Voraussetzung zu beachten, daß nicht andere günstige Produktionsbedingungen, etwa die billigen italienischen Wasserkräfte, später einen Konkurrenzvorsprung herbeiführen, der sich aber nicht den langen Arbeitszeiten zurechnen läßt. (Vgl. Zeitschr. d. V. deutsch. Ing., 1905, S 401.)

[2] Report on Uniform Hours of Labour, p. 137, nach S. Webb S. 98.

[3] J. Rae, S. 26.

[4] Die Arbeitszeit der Fabrikarbeiterinnen, S. 126, 160, 166, 224, 236, 238, 239.

[5] Jahresbericht d. Kgl. Preuß. Reg.- u. Gew.-Räte, 1902, S. 43, 1903, S. 219.

auf die Hälfte herab. Zu der Verwunderung der Besitzer beträgt die Abnahme der Produktion nicht 50%, sondern nur 10%[1]. Ähnliche Beobachtungen machte Freese in seiner Jalousiefabrik. Der Gewerbeinspektor für Liegnitz schreibt 1902:

„In mehreren Textilfabriken wurde im Frühjahre 1902 vorübergehend die Arbeitszeit um 2—3 Stunden verkürzt. Ein Unternehmer erreichte durch diese Maßnahme nicht die beabsichtigte Einschränkung der Erzeugnisse. Die Arbeiterinnen, welche im Akkord beschäftigt wurden, leisteten, wie der Gewerbetreibende versichert, in acht Stunden ebensoviel wie bisher in 10 Stunden. Um die Produktionseinschränkung herbeizuführen, sah er sich deshalb veranlaßt, Arbeiterinnen zu kündigen"[2].

In dem Bericht für 1901 heißt es:

„In der Zeit schlechten Geschäftsgangs zeitigte die Reduktion der Arbeitszeit die bemerkenswerte Erscheinung, daß selbst eine erhebliche Verkürzung unter sonst gleichen Umständen keine wesentliche Verminderung der Produktion mit sich brachte. Der Besitzer einer Tuchweberei lehnte es ab, eine Produktionsminderung durch kürzere Arbeitszeit zu bewirken, weil nach seiner Erfahrung die Arbeiter in der kürzeren Arbeitszeit durch angestrengtere Tätigkeit ebensoviel leisten würden, wie in der längeren"[3].

Im Regierungsbezirk Schleswig erzielen die Arbeiterinnen einer Weberei, deren Arbeitstag auf 7½ Stunden herabgeht, fast gleiche Verdienste. Die Ausnützung der Webstühle steigt von 56% auf 66%[4]. Gleiche Beobachtungen anderwärts[5].

Es gibt zwei weitere Tatsachenreihen, die indirekt auf die Beziehung höherer Arbeitsintensität zu kürzerer Arbeitszeit hinweisen. Einmal die Feststellung, daß in vielen Fällen Überstunden auf die Dauer die Gesamtleistung nicht nennenswert steigern; dann der Umstand, daß auch Kürzung der Arbeitszeit in großem Stil keine entsprechende Neueinstellung von Arbeitskräften nach sich zieht. Wenn sich die Zahl der Arbeitslosen nicht vermindert, so darf die Annahme, daß der beschäftigte Teil eine annähernd gleiche Leistung produziert, zur Erklärung herangezogen werden.

Nach Einführung des schweizer Elfstundengesetzes wurde noch für Einzelfälle die Erlaubnis zu Überzeitarbeit gegeben. Anfangs wird oft von dieser Einrichtung Gebrauch gemacht.

---

[1] Schuler, Schriften, S. 99. — Freese, Fabrikantensorgen, S. 18.
[2] Jahresberichte, 1902, S. 130.
[3] Jahresberichte, 1901 (Reg.-Bez. Frankfurt), S. 33—34.
[4] Jahresberichte für 1901, S. 157. — Vielleicht würde sich diese hypertrophische Arbeitsweise auf die Dauer nicht aufrechterhalten lassen (vgl. z. B. Jahresber. 1901, S. 215). Bewiesen ist aber damit die allgemeine Möglichkeit, trotz automatischer Maschinen, das Arbeitstempo zu steigern.
[5] Die Arbeitszeit d. Fabrikarbeiterinnen, S. 147, 160, 185, 204.

Dann kommt mehr und mehr die Überzeugung zum Durchbruch, daß „bei Überzeitarbeit nicht viel herauskommt"[1]. — Trotz des Ansporns der Aufseher, selbst durch Prämien, ist keine dauernde Mehrleistung zu erzielen. Die Ermüdung des einen Tages zieht sich in den anderen hinüber[2]. Als eine Selfaktorspinnerei 3 Monate 1 Stunde täglich Überzeit arbeitet, hat die Leistung nicht etwa um 9,1% zu-, sondern um 0,9% abgenommen. In einem zweiten Falle entsprach einer 9,1% längeren Arbeitszeit nur eine 1,6%ige Zunahme der Produktion. In einem dritten war die Steigerung 4,4%. Dementsprechend erklärt ein Teil der Unternehmer dem Berichterstatter für Trier, daß „bei Ausdehnung der Arbeitszeit über 10 Stunden hinaus die Arbeitsleistung nicht erhöht wird[3]." Gleiche Ergebnisse treten bei anderen Gelegenheiten zutage[4]. In der optischen Werkstatt von Zeiß hat ein Versuch mit Überstunden trotz 25% Zuschußverdienst nur kurze Zeit Erfolg; dann geht die Mehrleistung zurück, wird schließlich Null[5]. Aus dem gleichen Grund läßt die früher erwähnte Isoliermittelfabrik keine Überstunden mehr arbeiten. —

Eine grausame Täuschung würde jener Fabrikant erlebt haben, der da zu Marx sagte: „Wenn Sie mir erlauben, täglich nur 10 Minuten Überzeit arbeiten zu lassen, stecken Sie jährlich 1000 Pfund St. in meine Tasche[6]." Ebenso vermehrt eine zeitweilige Verlängerung der Arbeitstage bei deutschen Bergleuten den Ertrag nur in den ersten 4 Wochen. Dann sinkt die Produktion allmählich bis zur Leistung des früheren Achtstundentages[7].

Die Sozialisten waren öfter für kürzere Arbeitszeit eingetreten, weil sie auf eine von Lohnsteigerungen begleitete Verkleinerung der Reservearmee rechneten. Abgesehen von der theoretisch unhaltbaren Folgerung, daß sinkende Produktivität auf die Dauer mit steigenden Löhnen vereinbar wäre, so hat sich auch die Annahme einer Verminderung der Arbeitslosen in der Praxis nicht bewährt. 1885 fanden im Staate New York 24 Streiks wegen Arbeitszeitverkürzung statt. Die Bau-, Eisen- und Tabakindustrie erlangen einen Neunstunden-

---

[1] Schuler, Schriften, S. 100.
[2] Die Versuche von Bettmann haben ergeben, daß sich die Ermüdungsreste geistiger Überanstrengung durch Nachtversuche noch 4 Tage hindurch verfolgen ließen. (S. Bettmann, Über die Beeinflussung einfacher psychischer Vorgänge durch körperliche und geistige Arbeit. Psych. Arb. herausgeg. v. Kräpelin, I, S. 202, 208).
[3] Die Arbeitszeit der Fabrikarbeiterinnen, S. 146.
[4] Ibid. S. 215, 223—224, 257. — Schönhoff, The Economy of high Wages, 1892, S. 392. — A. Kolb, Als Arbeiter in Amerika, S. 64. — P. Göhre, Drei Monate als Fabrikarbeiter, S. 73 usw.
[5] Abbe, S. 220.
[6] Marx, Kapital I, 1872, S. 228.
[7] S. Webb u. H. Cox, S. 104.

tag. Das Bureau für Arbeiterstatistik erwähnt in seinem Bericht für das folgende Jahr, daß die vor dem Streik berechnete Neueinstellung von 1003 Arbeitern nicht stattgefunden habe [1]. — In dem Erlaß des österreichischen Eisenbahnministeriums von 1905, worin die Arbeitszeit der Werkstätten von 10 auf $9^1/_2$ Stunden herabgesetzt wird, heißt es mit Betonung, daß trotz der Verkürzung der Arbeitszeit um $^1/_{20}$ in der Werkstätte Wien außer anderen Erfolgen eine besondere Vermehrung des Arbeiterstandes nicht erforderlich gewesen sei [2]. Die Verhältnisse von Australien bestätigen und ergänzen diese Beobachtungen. Hier ist nur die Hälfte, in Viktoria sogar bloß ein Viertel aller Arbeiter länger als 8 Stunden beschäftigt. 1885 führen die Brauer diese Arbeitszeit ein. Für Viktoria betrug die Zahl der Beschäftigten 1884: 860, 1885: 955, 1886 nur 975, d. h. weniger als die normale Zunahme [3]. Die Produktion steigt trotzdem beständig. Dies gilt auch von den Sattlern und Schuhmachern, die in dem entscheidenden Jahr eine kleine Verminderung der Arbeiterzahl aufzuweisen haben.

Unter welcher Form dürfen die vorgeführten Tatsachen zusammengefaßt werden? Von vornherein abzulehnen ist ein Satz wie der folgende: „Wir wissen, daß die Arbeitsintensität verschieden ist bei verschiedener Dauer des Arbeitstages, daß sie ... in umgekehrtem Verhältnis zur Dauer des Arbeitstages steht [4]". Einmal kann von einem proportionalen Effekt keine Rede sein; dann sind die Ausnahmen, die die Regel durchlöchern, in dieser dogmatischen Formulierung unberücksichtigt geblieben. Den komplizierten und verschiedenartigen Bedingungen gemäß, unter denen das Phänomen auftritt, spricht man besser von einer Tendenz, als von einer Regelmäßigkeit. Zunächst zeigen freilich die parallelen Berichte aus den Kulturländern aller Erdteile, daß in der Feststellung höherer Arbeitsintensität bei kürzerer Arbeitszeit eine Tatsache vorliegt, die weniger von den eigenartigen Zuständen einer bestimmten Volkswirtschaft, als von allgemeinen technisch-wirtschaftlichen Voraussetzungen bedingt wird.

Die einzelnen Tatsachen verstärken gegenseitig durch ihre Fülle und verschiedene Herkunft ihre Beweiskraft. Methodisch angestellte Beobachtungen, vor allem einwandsfreie, ziffernmäßige Angaben, sind freilich meist nicht vorhanden. Die

---

[1] J. Rae, S. 43.
[2] Soz. Rundschau, herausgeg. v. K. K. Arbeitsstat. Amt, 1905, S. 555.
[3] J. Rae, S. 292 seq. — Als man die vierunddreißigste Wiederkehr des Achtstundentages durch einen Festtag feierte, wurde eine Festprozession in Melbourne, an der 8000 Mann teilnahmen, durch eine Demonstration der Arbeitslosen gestört. Ein symbolisches Faktum! (A. a. O., S. 260.)
[4] L. v. Buch, El. d. pol. Ök., 1896, S. 76.

Ausnahmen, besonders Abbes und Fromonts Feststellungen, sind um so wichtiger. Die mehr als Überschlag bekanntgegebenen Gesamtresultate dürfen deshalb nicht unterschätzt werden. Ihre Unbestimmtheit gewinnt dadurch an Bedeutung, daß jene Aussagen von den Betriebsleitern selbst stammten, die am besten den Geschäftsgang bei verschiedenen Arbeitszeiten übersehen und beurteilen konnten. — Nicht weniger als die Zahl berechtigt die Mannigfaltigkeit der Betriebe zu der Folgerung, daß hier eine allgemeine Tendenz erscheint, die von keinen speziell technisch-organisatorischen Zuständen getragen wird[1].

Eine Schiffswerft und eine Maschinenfabrik, eine Baumwollspinnerei und eine optische Werkstatt umfassen die verschiedensten technischen Prozesse. Alle Kategorien industrieller Arbeit sind vertreten: von koordinierter Individualarbeit, die aus persönlicher Energie, Aufmerksamkeit und Fähigkeit entspringt, bis zur gesteigertsten Gruppenarbeit, die auf Subordination, auf der guten Organisation, der gegenseitigen Anpassung, dem richtigen und schnellen Ineinanderarbeiten der Gruppenmitglieder beruht. — Die Tendenz höherer Arbeitsintensität bei kürzerer Arbeitszeit erscheint durch die Tatsachen wirklich einigermaßen gesichert. Auf die auszuschließenden Gebiete kommen wir noch zurück. Selbstverständlich besteht eine Maximalintensität, die nicht überschritten wird, ohne die Leistung zu senken. Weder kann jede beliebige Kürzung der Arbeitszeit, ceteris paribus, die Erträge unberührt lassen, noch muß ein Achtstundentag notwendig und überall die Maximalleistung garantieren. — Die Richtigkeit einer Beziehung unterhalb einer Grenze würde durch das Bestehen dieser natürlich keinerlei Abschwächung erleiden. — Sicher liegt hier wie so oft in den Sozialwissenschaften eine Tendenz, aber kein Gesetz vor. Eine solche Erkenntnis ist um so wertvoller, je mehr man sich ihrer relativen Gültigkeit, ihrer Voraussetzungen und Einschränkungen bewußt bleibt.

So wenig höhere Intensität der Arbeit von einer bestimmten Betriebsweise, einer besonderen Arbeitsverrichtung abhängt, sie ist doch an eine allgemeine wirtschaftlich-technische Kultur, an ein gewisses physisch-geistiges Niveau der arbeitenden Klassen gebunden. Die angeführten Daten stammten

---

[1] In England sind 1894—1896 200 Betriebe dem Achtstundensystem zugeführt worden. Dazu gehören u. a.: Maschinenbauer, Weißblechschmiede, Kupferschmiede, Marmorarbeiter, Wollweber, Möbeltischler, Seilspinner, Drucker, Buchbinder, Stahlwerke, Kürschner, Tabakfabriken, Putzer, Kanalisationsarbeiter, Maurer, Riegel- und Schraubenmacher, Silberarbeiter, Holzschnitzer, Geldschrankarbeiter, Hochofenleute, Schuhmacher, Lederarbeiter usw. (J. Rae, Neue Fortschritte der Achtstundenbewegung in England. Arch. f. soz. Gesetzgeb. u. Stat., 1898, S. 13.)

ohne Ausnahme von größeren kapitalkräftigen Betrieben mit vorgeschrittenen Produktionsmethoden. Dieser übereinstimmende Zug weist auf gewisse Voraussetzungen hin, die einem günstigen Effekt kürzerer Arbeitsdauer entgegenkommen. Wenn die Einflüsse, die den Puls des Produktionsprozesses beschleunigen helfen, so weit wie möglich bloßgelegt werden, lassen sich diese Voraussetzungen klären und näher bestimmen. Das erfordert eine Analyse der technisch-organisatorischen Bedingungen und Faktoren, von denen eine Intensivierung der Arbeit getragen wird. Mit dieser Frage stehen wir unserem Hauptthema gegenüber.

Zweiter Teil.

Die technisch-organisatorischen Bedingungen höherer Arbeitsintensität bei kürzerer Arbeitszeit.

Auf den folgenden Seiten wird der Versuch gemacht, die Bedingungen und Faktoren höherer Arbeitsintensität bei kürzerer Arbeitszeit zu analysieren und ihre Wirksamkeit isoliert, ja teilweise abgelöst von dem Problem der Arbeitszeit, in der Wirklichkeit nachzuweisen. Auch in einem gleichbleibenden Arbeitstag kann eine gesteigerte Leistung entfaltet werden. Um daher zu zeigen, an welchen Punkten höhere Intensität bei kürzerer Dauer der Arbeit einsetzt, ist es manchmal zweckmäßig, die Intensivierungsmethoden der modernen industriellen Arbeit für sich zu betrachten. Die Beziehung auf die Frage kürzerer Arbeitszeit bleibt stets im Hintergrund. Nach ihr sind alle Punkte des folgenden ausgerichtet, auch wo dies nicht besonders betont wurde. — Die Darstellung nimmt Textil- und Maschinenindustrie zur Grundlage, ohne den Anspruch und Hinweis auf allgemeinere Gültigkeit aufgeben zu wollen. Müssen doch bei den anderen Industrien mehr oder weniger ähnliche Verhältnisse wiederkehren. Textil- und Maschinenindustrie wurden gewählt: 1. wegen ihrer allgemeinen Bedeutung im Wirtschaftsleben, 2. weil passendes Material vorlag, 3. weil sie in einem gewissen Gegensatz zwei ziemlich typische Repräsentanten der innerhalb der modernen Technik sich abspielenden Prozesse bilden.

Die einzelnen Kapitel sind folgendermaßen gegliedert. Zuerst werden die allgemeinen Methoden höherer Arbeitsintensität erörtert, die sich unter der Signatur „Verkürzung der Pausen" zusammenfassen lassen. Hieran schließt sich als Sondertypus die Intensivierung nach dem Prinzip „Mehr Maschinen in einer Hand". Schließlich wird drittens die Betriebsorganisation als Bedingung eines erhöhten Arbeitstempos hervorzuheben sein.

Erstes Kapitel.
Die technische Analyse der Textilindustrie.

Die Verdichtung des Produktionsprozesses vollzieht sich durch Verminderung der Pausen an Zahl und Dauer, d. h. eine größere Anzahl Produktionsakte wird auf eine gleichbleibende Spanne Zeit zusammengedrängt. Zahlreiche Instanzen weisen darauf hin, daß diese Möglichkeit auch der Textilindustrie offensteht, wenn sie vielleicht auch hier schwieriger als anderwärts zu verwirklichen ist.

„In den Webereien", so sagt der Gewerbeinspektor von München-Gladbach, „liegt es in der Hand der Arbeiter, durch bessere Ausnutzung der Zeit, d. h. durch flinkere und aufmerksamere Bedienung ihres Stuhles und die dadurch bedingte Verringerung in Zahl und Dauer derjenigen Pausen, während welcher die kleineren Nebenarbeiten ausgeführt werden und der Stuhl stille steht, in der verkürzten Arbeitszeit dasselbe zu leisten wie bei weniger Aufmerksamkeit in der längeren Arbeitszeit[1]."

Der Arbeitsgang der Textilindustrie umfaßt genug Eingriffe, die je nach der Geschicklichkeit und Intelligenz, der Frische und Schnelligkeit des Arbeiters in längerer oder kürzerer Zeit vor sich gehen. Produktionszeit und nominelle Arbeitsdauer sind keineswegs identisch. Je nach Maschine und Rohstoff bestehen hier natürlich Unterschiede. Während ein Krempel ununterbrochen läuft, machen bei einem Wolf moderner Konstruktion unvermeidliche Stillstände 25 % der gesamten Arbeitszeit aus. Herbeischaffen und Wegbringen der Baumwolle, Reinigung und Instandsetzung der Maschine rufen diese Zeitverluste hervor. Auch für die Leistungsfähigkeit des Öffners kommen höchstens $3/4$ der Arbeitsdauer in Betracht[2]. Putzen, Weg- und Herbeischaffen der Wollen bedingen unvermeidliche Pausen. — Das Vorspinnen macht Eingriffe wie Abnehmen und Aufsetzen der Spulen, Putzen usf. erforderlich. An Leistung geht dadurch verloren: beim Grobflyer $1/3 - 1/4$, beim Mittelflyer $1/4 - 1/5$, für den Feinflyer $1/5$, beim Doppelfeinflyer $1/5 - 1/6$[3].

Die Leistung der eigentlichen Spinnmaschine ist nicht bloß von der Spindelzahl, der Länge des Auszugs und der Zeit abhängig, die zum Spinnen und Aufwinden eines Auszugs angewendet wird. Pausen entstehen. Die leeren Spulen werden von den Spindeln genommen, neue müssen aufgesteckt

---

[1] Rost, Der Achtstundennormalarbeitstag, S. 97.
[2] E. Müller, Handbuch der Spinnerei (Hdb. d. mech. Technolog., herausgeg. v. Karmarsch), 1892, S. 67. — H. Fritz, Baumwollspinnerei, S. 100.
[3] E. Müller, S. 149.

werden. Fäden reißen ab und müssen geknüpft werden. (Die Häufigkeit der Brüche hängt von Garnnummer und Rohstoff ab.)

„Geschicklichkeit und Aufmerksamkeit des Spinners, Güte und sorgfältige Vorbereitung der Baumwolle bedingen die gelieferte Garnmenge wesentlich. ... Große Maschinen liefern nicht ganz in dem Verhältnis einer größeren Spindelzahl mehr Garn, weil mit der Vermehrung der Fäden die Übersicht erschwert wird und leichter Störungen eintreten[1]."

Ebenso hängt noch in der Selfaktorspinnerei viel vom Spinner ab, um qualitativ wie quantitativ gute Arbeit zu liefern.

„Häufig kommt es vor, daß eine Maschine unter der Führung eines guten Arbeiters die tadelloseste Arbeit verrichtet; wechselt man den Arbeiter, so kann es zuweilen vorkommen, daß man selten einen guten Abzug zu sehen bekommt[2]."

In der Kammwollspinnerei wird bei zwölfstündiger Arbeitszeit 9 Stunden wirklich gesponnen[3]. Betragen die Unterbrechungen ein Viertel des Arbeitstages, so dominiert die Maschine keineswegs völlig. Nach der Schätzung eines Spinnmeisters kann eine fähige Spinnerin die zweifache Leistung einer unfähigen produzieren. Diese dem Verfasser von einem Praktiker gemachte Angabe greift wohl zu hoch, gibt aber einen Anhaltspunkt, um was es sich eigentlich handelt. In der Luckenwalder Wollwarenfabrik von W. Müller schwanken die wöchentlichen Akkordlöhne einer Spinnerin bei gleichen Maschinen ungefähr zwischen 10 und 15 Mk.

Was persönliche Leistungsfähigkeit betrifft, so steht der englische Spinner an der Spitze. Er bringt es bei einer Maschine von 800 Spindeln auf eine Tagesleistung von 66 Pfd., Garn Nr. 40, während ein Franzose nur 48 Pfd. liefert[4]. In England laufen die Spindeln 95 % der Gesamtarbeitszeit tatsächlich, in Württemberg nur 90 %. Obgleich ihre Geschwindigkeit im Elsaß 10 % abnimmt, werden hier nur 80 %, in England 92—95 % der theoretisch möglichen Leistung herausgebracht[5]. Der chinesische und japanische Arbeiter bedient nur 2—300 Spindeln und verliert dennoch 25 % der Spinnzeit[6]; die italienische Spinnerin sogar 40 %, weil sie die Fäden zu langsam anknüpft. In der englischen Industrie macht sich heute die Ca'canny-Politik der Gewerkvereine be-

---

[1] A. a O. S. 184.
[2] Fritz, S. 322.
[3] E. Müller, S. 420.
[4] Roscher, System 1, 1906, S. 117.
[5] Schulze-Gävernitz, Der Großbetrieb, 1892, S. 117, 118.
[6] A. Tille, Der Wettbewerb weißer und gelber Arbeit in der industriellen Produktion, 1904 (Soz.-wirtsch. Zeitfr., Heft 2), S. 56.

merkbar. Die Textilindustrie ist nach den jüngsten Ermittlungen davon frei[1]. Arbeitgeber wie die Angestellten selbst bestätigen, daß die Arbeiter in der Gegenwart persönlich mehr leisten als etwa vor 20 Jahren.

In der Weberei ist höhere Intensität der Arbeit auf gleicher Produktionsbasis noch leichter durchführbar als in der Spinnerei. „In der Weberei", so schreibt der Berichterstatter für Baden, „hängt die Arbeitsleistung zum größten Teil vom Arbeiter selbst ab, und in vielen Fällen wurde von den Fabrikleitern ohne weiteres eingeräumt, daß auch bei verkürzter Arbeitszeit dieselbe Produktion sich erzielen lasse und der Betrieb rationeller sei[2]." Beim gewöhnlichen Webstuhl geht mindestens ein Viertel des Arbeitstages durch Pausen verloren. In der Weberei der Tuch-, Buckskin- und Paletotstoffe schwanken die toten Zeiten je nach der Leistungsfähigkeit des Webers zwischen $2^{1}/_{2}$ und 5 Stunden[3].

Durchschnittlich alle 5 Minuten gehen Schußfäden aus und werden ersetzt, oder sie reißen und werden wieder angeknüpft. Weitere Unterbrechungen entstehen, denn eine neue Kette muß angeschnellt werden; außerdem reißen etwa 20 Kettenfäden täglich[4]. Wenn der Schußfaden ausgeht, steht der Stuhl still, das Schiffchen wird herausgenommen und durch ein neues ersetzt; der Stuhl aber muß wieder in Gang gebracht werden. Schließlich ist die leere Spule im Schützen zu erneuern. Dazu wird die alte entfernt, die neue auf eine aus dem Schützen herausklappbare Spindel gesteckt und der Fadenanfang durch ein Öhr im Schützen gesaugt. Ein Achtstuhlweber muß diese Operationen täglich 960mal durchführen. Wenn man bei einem zehnstündigen Arbeitstag außerdem $^{1}/_{2}$ Stunde für Reinigung und Schmierung der Maschine ansetzt, erfolgen die beschriebenen Eingriffe alle halben Minuten. In Wirklichkeit komplizieren sich diese Verhältnisse, da meist mehrere Stühle zugleich stillstehen und dadurch die toten Zeiten verlängern[5].

Streng genommen sind die vielzitierten, von selbst laufenden Webstühle des Aristoteles heute wie ehemals Fata-Morgana-Bilder einer Zukunft, die die Frage der Arbeitszeit eo ipso gelöst hätte. Im Gegenteil. Der Sachkenner Birtwhistle behauptet, daß keine der seit 1850 eingeführten Verbesserungen die Arbeit der Weber nennenswert erleichtert habe. Der Weber besorge mehr Stühle, von denen jeder einzelne wegen

---

[1] Eleventh Report of the Commission of Labor. Regulation and Restriction of Output, Wash. 1905; nach Reichsarbeitsblatt 1907, S. 54.
[2] Die Arbeitszeit der Fabrikarbeiterinnen, S. 222.
[3] E. Müller, Handbuch d Weberei, 1896, S. 713. — R. Martin. Zur Verkürzung d. Arbeitszeit i. d. mech. Textilindustrie. Arch. f. soz. Gesetzgeb. u. Stat. VIII, S. 253.
[4] Deutsche Technische Rundschau, 1905, S. 472.
[5] Deutsche Technische Rundschau, 1905, ibid.

der größeren Geschwindigkeit durchschnittlich 21 % Mehrarbeit erfordere[1]. Ein neuerer Beobachter findet, daß man, „soweit die Samt- und Seidenindustrie in Betracht kommt, in vielen Fällen zweifelhaft sein kann, ob die Arbeitsleistung in der mechanischen Weberei körperlich weniger schwer sei als diejenige am Handwebstuhl[2]."

Wie dem auch sei: der individuellen Fähigkeit steht ein Spielraum offen. In der früher erwähnten Luckenwalder Wollwarenfabrik schwanken die wöchentlichen Webelöhne bei dem gleichen Artikel ungefähr zwischen 14 und 18 Mk. In Hut- und Tuchfabriken wurde festgestellt, daß die Arbeiter vor den großen Festen bedeutende Mehrleistungen entwickelten, um die größeren Ausgaben durch mehr Verdienst auszugleichen[3]. Ebenso gibt es zu denken, wenn die selbsttätigen Maschinen einer der größten Webereien des Unterelsaß im Laufe der Woche folgende Durchschnittsleistungen aufzuweisen haben[4]:

	Montag	Dienstag	Mittwoch	Donnerstag	Freitag	Sonnabend
	bei elfstündiger Arbeitszeit:					bei 10-stünd. Arbeitszeit:
Tagesleist. in Meter	7172,3	8068,3	8306	8072,5	8114,7	7811
Stundenleist. in Meter	625	733,5	755	734	737,7	781,1

An den Sonnabenden mit zehnstündiger Arbeitszeit war also die stündliche Leistung um 3,4 % größer als am besten und um nahezu 25 % größer als am schlechtesten elfstündigen Arbeitstag. — Eine größere Wäschefabrik stellt aus ihren Lohnbüchern fest, daß der Verdienst bei gleicher Arbeitsdauer am Tage vor der Lohnabrechnung 20 % höher ist als sonst. Von diesen Gesichtspunkten her wird es verständlich, daß die Ausnutzung der Webstühle wie in dem früher angeführten Fall von 56 auf 66 % steigen konnte. — Wenn der Elsässer Weber ein Drittel, der englische nur ein Sechstel seines Arbeitstages verliert, so findet bei dem Elfstundentage des Elsässers nur 7⅓ Stunden, bei dem Engländer mit 9 Stunden aber 7½ stündige Beanspruchung der Maschinen statt[5].

---

[1] Birtwhistle, Gen. Sekretär d. Vereinigten Webergewerkschaft von Nordengland, nach Neue Zeit, 1891, S. 251. — Vgl. K. Marx, Das Kapital I, 1872, S. 133.

[2] H. Brauns, Der Übergang von der Handweberei zum Fabrikbetrieb i. d. Niederrhein. Samt- u Seidenindustrie u. d. Lage d. Arbt. i. dieser Periode. Staats- u sozialw. Forsch., herausgeg v. Schmoller u. Sering, XXV, 4, 1906, S. 185. — Brauns betont, daß die Tätigkeit des Webers nicht so einfach sei, wie der Laie sich das manchmal vorstellt (a. a. O. S. 184).

[3] Die Arbeitszeit d. Fabrikarbeiterinnen, S. 219.

[4] Ibid. S. 263.

[5] J. Rae, S. 156.

Wir sahen, daß die Weberei ihre Arbeitsintensität relativ leichter steigern kann als die Spinnerei. Außer den technischen Zuständen im engeren Sinn sind noch andere Faktoren anzuführen, die das Arbeitstempo unmittelbar beeinflussen. Gutes Rohmaterial, wie es der englische Spinner bearbeitet, hat weniger Fadenbrüche als schlechtes. Daher geht die Schweizer Textilindustrie nach Einführung des Elfstundentages vielfach zu besserer Baumwolle über, die schnellere Behandlung gestattet. Die bessere Ausnutzung der Stühle in England wird durch die Spezialisierung der Fabriken auf bestimmte Artikel begünstigt. Diese Bedingung wird später für andere Verhältnisse ausführlich zu erörtern sein. Wer stets dieselbe Garnnummer spinnt, dieselben oder ähnliche Muster webt, leistet mehr und macht weniger Fehler. Die großen Spinnereien Oldhams und Boltons spinnen wenige, ja nur eine einzige Nummer. Die Webereien von Nordlancashire beschränken sich auf einen gutgehenden Stapelartikel. Der deutsche Fabrikant führt dagegen viele Muster. Wenn die Maschinen häufig umgestellt und die Arbeiter auf andere Arbeit eingeschult werden, sinkt die Leistung. Die Maschinen werden stärker abgenutzt. Der Nachteil, der den Elsässern dadurch erwuchs, daß sie die Zahl ihrer Garnnummern vermehrten, wurde auf 15 % geschätzt[1].

Schließlich sei noch ein Blick auf den automatischen Charakter und die Geschwindigkeit der Maschinen geworfen, insofern sie eine Steigerung der Leistung in der Zeiteinheit bedingen. Bei einer rein automatischen Maschine wäre der Ertrag durch das Produkt: Arbeitszeit × Geschwindigkeit festgelegt. Aus dieser Anschauung heraus stellt etwa ein Jutespinner die typische Behauptung auf: „In unserer Branche geht alles nach dem Uhrwerk, und eine Viertelstunde Zeitverlust bedeutet auch eine Viertelstunde Zeitverlust beim Wochenabschnitt[2]." In Wahrheit sind die Fälle, wo eine Maschine mit feststehender Geschwindigkeit absolut unabhängig von dem individuellen Können des Arbeiters läuft, recht sporadisch. Die ununterbrochen laufenden Krempel der Spinnerei könnten hierher gerechnet werden. Selbst bei ihnen lassen sich nicht alle toten Zeiten aus der Welt schaffen. Wenn die Arbeiterin sich entfernt, plaudert usw., entstehen Pausen, in denen die Maschine natürlich leer läuft.

Jede Steigerung der Maschinengeschwindigkeit zwingt auch den Menschen zu einer Entfaltung größerer Arbeits-

---

[1] Schulze-Gävernitz, Der Großbetrieb, 1892, S. 100, 108. — Vgl. ferner Schuler, Schriften, S. 115. — Schönhoff, The Economy of High Wages, 1892, p. 235.
[2] Nach R. Martin, Arch. f. soz. Gesetzgeb. u. Stat. VIII, S. 276. — Ähnliche Anschauungen z. B.: Die Arbeitszeit d. Fabrikarbeiterinnen, S. 149—150, 159, 162.

energie. Sie beansprucht, wie die Erhebungen der Royal Commission on Labour von 1891 bestätigen, höhere Fähigkeiten und führt deshalb höhere Löhne mit sich[1]. Die schnellsten deutschen Spinnmaschinen machen 9000 Umdrehungen, die schnellsten englischen 11000 und die schnellsten amerikanischen 14000. Der Unterschied liegt nicht in den Maschinen, sondern in der Leistungsfähigkeit der Arbeiter[2]. Gelegentlich bekam ein Mann, dessen Spindeln sich ohne sein Wissen 400mal mehr in der Minute drehten, Flimmern vor den Augen.

Auch da, wo die Geschwindigkeit der Textilmaschinen aus technischen Gründen keiner wesentlichen Steigerung fähig ist, darf bei Kürzung der Arbeitszeit noch nicht auf eine regelmäßige und proportionale Schwächung der Erträge geschlossen werden. Ein absolut kürzerer Arbeitstag kann, wie zu zeigen gesucht wurde, eine realiter längere Produktionszeit involvieren. Die Seidenplüschweberei verlangt besonders sorgfältige Arbeit, bei der die Versuche, die Stühle mehr Touren machen zu lassen, die Qualität des Produkts verschlechtert. Trotzdem gelingt es in einem solchen Betriebe den Akkordarbeitern, in fünf kürzeren ebensoviel zu verdienen, wie in sechs längeren Arbeitstagen; sie erzielen sogar ein besseres Produkt[3].

Im besten Fall kann erhöhter Maschinengeschwindigkeit nur ein Bruchteil der Mehrleistung zugerechnet werden. 1848 und 1849 ist diese nach den Berichten des Inspektors Horner „nur zum geringen Teil auf bessere und schnellere Maschinen zurückzuführen. Vor allem sind die Arbeiter gesünder und werden durch die langen Arbeitszeiten nicht erschöpft ... Arbeitspausen sind jetzt weniger notwendig als früher[4]." Eine große Fabrik in Manchester stellt nach Einführung zehnstündiger Arbeitsschicht auf den gleichen 69 Webstühlen ein Mehrprodukt von 22 Pfund her. Horner stellt fest, daß davon nur 5 Pfund, also ein Viertel, der schnelleren Umdrehung der Stühle zuzurechnen ist[5]. Und die übrigen 17 Pfund? — In der Schweiz beträgt die durchschnittliche Steigerung der Maschinengeschwindigkeit nur $2^{1}/_{2}\%$. Die stündliche Mehrleistung aber 8%. Umgekehrt fand eine amerikanische Fabrik 1867 bei Herabsetzung der Arbeitszeit von $10^{3}/_{4}$ auf 10 Stunden, daß trotz um 4% erhöhter Geschwindigkeit und Einführung von Stücklöhnen im ersten Monat ein Verlust von 4—5 $\%$

---

[1] Royal Commission on Labour, 1892, Minutes of Evidence Group C, vol. I, p. 55 (Qu. 1356), 209 (Qu. 5068—5070). — Vgl. Die Arbeitszeit der Fabrikarbeiterinnen, S 215.
[2] A. Tille, Zukunft XXII, S. 440.
[3] Die Arbeitszeit der Fabrikarbeiterinnen, S. 151.
[4] Zitat nach H. v. Nostiz, Das Aufsteigen des Arbeiterstandes in England, 1900, S. 514.
[5] Factory Inspector's Report, 1849, p. 4, nach J. Rae, S. 22.

eingetreten war. Erst der folgende Monat zeigte die gleiche Produktion, die sich auf die Dauer noch erhöhte[1]. Alle diese Beobachtungen weisen auf den personalen Faktor als eine wesentliche Bedingung gesteigerter Leistung hin.

Zweites Kapitel.
Die Analyse des Maschinenbaues.

Weit mehr als der Arbeitsgang der Textilindustrie ist der Produktionsprozeß der Maschinenfabrikation von persönlicher Tätigkeit durchflochten[2]. Im allgemeinen hat der Arbeiter nicht nur für Überwachung, gleichmäßige und glatte Funktion der Maschine zu sorgen, sondern er verrichtet verschiedene Vorbereitungsarbeiten, ehe die Maschine die eigentliche Formarbeit beginnt. In der Metalldreherei gehören dahin das Herschaffen, Richten, Zentrieren und Aufspannen des Werkstücks. Je genauer, desto besser. Das Zentrieren ist besonders wichtig vor allem, wenn es auf eine Genauigkeit von $1/10$—$1/20$ mm ankommt. Dazu kommt das Herrichten und Einspannen eines geeigneten Drehstahls, das Herrichten der Drehbank durch Einsetzen passender Satzräder und das Einschalten der passenden Geschwindigkeiten und Vorschübe.

Während der Dreharbeiten müssen Pausen gemacht werden. Das Werkstück wird mit Tastzirkel oder Kaliber gemessen; die Stähle werden gewechselt und die Schnelligkeit je nach der Größe der abzudrehenden Flächen verändert. Ist die Aktion der Maschine vollendet, so wird das Arbeitsstück wieder abgespannt und fortgeschafft. Die Drehbank aber muß gereinigt werden, bevor die Arbeit von neuem anhebt. Diese Abfolge ist ein typisches Beispiel in der Bearbeitung der Metalle. Auch beim Hobeln erfordert jedes Arbeitsstück je nach seiner Form besonderes Aufspannen. Dabei dürfen keine schädlichen Spannungen im Material entstehen, denn die Form verändert sich, sobald die erste Schicht fortgenommen ist. Ungeschicktes Aufspannen ist deshalb am häufigsten Ursache verdorbener Arbeit[3]. Bei falschem Zentrieren „schlägt" das Werkstück und wird ungenau bearbeitet. Überall kommt es auf genaue Arbeit an, besonders wo es sich um die Herstellung auswechselbarer Teile handelt. Gegebenenfalls wird

---

[1] J. Rae, S. 96, 97.
[2] Allgemeine Literatur: K. Karmarsch, Handbuch d. mech. Technologie, 6. Aufl., bearb. v. H. Fischer, Bd. 2, 1890. Die Bearbeitung der Metalle, S. 290—347. — R. Grimshaw, Praktische Erfahrungen im Maschinenbau, 1897. — J. T. Usher, Moderne Arbeitsmethoden im Maschinenbau, 1900. — P. Möller, Aus der amerikanischen Werkstattpraxis, 1904.
[3] J. T. Usher, S. 80.

mit der Hand nachgearbeitet (Aufreiben eines Loches auf $1/40$ mm).

Die folgenden Tabellen bringen die Zeitverhältnisse typischer Operationen zur Darstellung [1]. Die mit einem * versehenen Arbeiten sind manueller Art, die anderen werden von der Maschine verrichtet.

I. Typische Bohrarbeit bei einem Stahlstück.
(* = manuelle Arbeit.)

	Sekunden					Sa. pr. St. Sekunden	
1. Auflegen der Bohrschablone* ...	30	18	23	18	45	134	27
2. Bohren des ersten Loches	50	30	35	36	33	184	37
3. Einstecken des Fixierbolzens* ..	13	16	15	20	20	84	17
4. Bohren des zweiten Loches	35	35	37	33	40	180	36
5. Ablegen* (Fortschaffen).	30	20	40	20	16	126	25
	158	119	150	127	154	708	142

Zusammenstellung.

	Sekunden	Manuelle Aktion i. % d. Gesamtzeit
Bohrarbeit	73	—
Auflegen u. Abnehmen der Schablone	52	36,5
Fixieren	17	12
		48,5 %

Aus diesem Beispiel erhellt, einen wie großen Anteil die manuelle Aktion, also persönliche Tätigkeit, an dem technischen Prozeß hat; sie beträgt 48,5 % der Gesamtzeit. Das Schwanken dieser Zeiten im einzelnen (Manipulation 1, 3, 5) zeigt deutlich, daß der Arbeitsprozeß keineswegs automatisch-gleichmäßig abläuft, sondern von personalen Faktoren beeinflußt wird. Das bringt z. B. die erste Operation, das Auflegen der Bohrschablone, gut in Relief. Die gleiche Tätigkeit geht hier in 30, 18, 23, 18 und 45 Sekunden vor sich. Im großen ganzen tritt bei Wiederholung jeder Operation der Einfluß der Übung in der zunehmenden Verkürzung der Zeiten deutlich heraus, ein Umstand, auf dessen fundamentale Bedeutung für die Intensivierung der Arbeit schon hier verwiesen werden darf. Als Hilfsmoment kommt hinzu, daß bei

---

[1] Prof. G. Schlesinger hat diese wertvollen und exakten Angaben mit großer Liebenswürdigkeit zur Verfügung gestellt. Sie sind mit der Knipsuhr unmittelbar der Werkstattpraxis abgenommen.

der Wiederholung die Werkzeuge in der gleichen Reihenfolge liegen bleiben können. Die Maschinentätigkeit bleibt dagegen relativ konstant.

II. Typische Bohrarbeit bei einem Gußstück.
(* = manuelle Arbeit.)

	Sekunden			Sa. pr. St. Sekunden	
1. Einspannen in die Bohrvorrichtung*	75	45	60	180	60
2. Werkzeug einspannen* .	225	83	65	373	124
3. Anbohren	210	60	60	330	110
4. Werkzeugwechsel*. . .	330	240	75	645	215
5. Vorbohren		180	160	340	170
6. Werkzeugwechsel* . .	213	90	90	180	90
7. Nachbohren		195	213	408	204
8. Werkzeugwechsel*. . .	180	165	124	469	156
9. Erstes Reiben mit der Vorreibahle	165	165	130	460	153
10. Hochheben der Reibahle bei Maschinenstillstand*	12	12	45	69	23
11. Werkzeugwechsel*. . .	110	48	70	228	76
12. Zweites Reiben mit der Nachreibahle	180	125	135	440	147
13. Hochheben d. Reibahle b. Maschinenstillstand* . .	13	32	25	70	23
14. Ausspannen u. Ablegen*	60	45	52	157	52
	1773	1485	1304		1603

Zusammenstellung.

	Sekunden	Manuelle Aktion i. % d. Gesamtzeit
1. Ein- und Ausspannen	112	7
2. Werkzeugeinsp. bzw. Wechsel . .	661	41,4
3. Anbohren und Vorbohren	280	
4. Nachbohren	204	
5. Reiben	300	
6. Maschinenstillstand z. Anheben der Reibahle	46	2,9
		51,3 %

Von 14 Arbeiten sind 9 manueller Art. Die Zusammenstellung ergibt, daß diese durchschnittlich 51,3 % der Gesamtzeit, d. h. rund die Hälfte, beanspruchen. Verkürzung der Zeiten durch Übung. Das erste Hochheben der Reibahle (Operation 10) zeigt, wie leicht Störungen auftreten, deren Zahl und Dauer wieder von persönlichen Qualitäten abhängt.

Bei der Bearbeitung besonders großer Stücke werden überlange Aufspannzeiten vermieden, indem bewegliche Werkzeuge an das festbleibende Stück herangebracht werden[1]. Bei komplizierten Aufgaben oder sehr kleinen Stücken steigt das Maß der persönlichen Tätigkeit der Maschine gegenüber. Bei einer Mehrleistung der Maschine verschiebt sich, ceteris paribus, ebenfalls das Verhältnis von Maschinenarbeit und manueller Tätigkeit zugunsten der letzteren. Beim Abdrehen flußeiserner Stücke liefert ein Arbeiter, wie amerikanische Versuche gezeigt haben, in zehnstündiger Arbeit 323 Stück, wobei zwei Drehbänke und gewöhnlicher Werkzeugstahl verwendet wurden. Für jedes Stück wurde mithin 3,71 Minuten gebraucht. Die manuelle Aktion beläuft sich dabei auf 1,515 Minuten, d. h. 40,8 % der Gesamtzeit. Bei Schnelldrehstahl steigt die Leistung auf 484 Stück. Jetzt beträgt die Gesamtarbeitszeit für jedes Stück nur 2.47 Minuten, die manuelle Arbeit aber 1,315 Minuten, d. h. 53,2 %[2]. Die persönliche Tätigkeit ist also um 12,4 % gestiegen. Verbesserte Maschinen erleichtern keineswegs immer die Arbeit. Wenn der Arbeiter seinen früheren Tagesverdienst erreichen sollte, hätte man ihm bei der Arbeit mit Schnelldrehstahl nur 50 Cents für 100 Stück zu geben. In Wirklichkeit gab man ihm 57 Cents, weil sich auch der Arbeiter bei einer Mehrleistung der Maschine im allgemeinen mehr anstrengen muß.

Gewisse selbsttätige Spezialmaschinen neuester Art, wie Revolverbänke und Ganzautomaten, bilden eine Klasse für sich. Sie gehören nicht hierher, sondern in eine später zu erörternde Kategorie, bei der sich die Intensivierung der Arbeit durch Vereinigung mehrerer Maschinen in einer Hand vollzieht. Bei weitem überwiegt noch die Zahl der Maschinen, deren Einzelleistung von persönlicher Fähigkeit beeinflußt wird. In einer so schwierigen Frage, die wohl niemand ganz allgemein zu beantworten vermag, kann nur die Ansicht eines einzelnen Kenners angeführt werden. Max Kraft widmet in seinem „System der technischen Arbeit" diesem Gegenstand ein Kapitel, das sich „Die Ethik der Maschine" nennt[3].

Der technische Fortschritt, so legt er dar, dränge freilich dahin, die Maschine automatisch wirkend zu gestalten. Bis jetzt sei dies nur in wenigen Fällen eingetreten. Der größte Teil der Maschinen bedürfe der Leitung und Überwachung, der Instandhaltung und Reparatur durch den Menschen. Nur die eingelautene Maschine arbeite tadellos, während die neue sowie die schon abgenutzte oft stundenlang unausgesetzte Aufmerksamkeit und Nachhilfe verlange. Ferner schwanke die Qualität des Materials, wodurch der Maschine bald größerer, bald geringerer Widerstand entgegengesetzt werde. Betriebs-

---

[1] Vgl. P. Möller, S. 8.
[2] P. Möller, Über Schnelldrehstahl. Zeitschr. d. Vereins deutscher Ing., 1905, S. 337.
[3] M. Kraft, Das System der technischen Arbeit, 1902, S. 118 ff.

schwankungen, ja Stillstand seien die Folge. Schließlich werde ein automatischer Lauf dadurch vereitelt, daß eine große Zahl von Maschinen zur Bearbeitung verschiedener Materialien und verschiedener Formen diene, daß ihre Geschwindigkeit von Fall zu Fall variiere, daß das Arbeitsmaterial Vorbereitung, Einsetzen und Messen erfordere usw.

In der Praxis scheint es auf den ersten Blick ausgeschlossen zu sein, daß eine Maschine, zumal bei feststehender Geschwindigkeit, eine höhere Leistung zu entfalten vermag. Vielleicht ist der Arbeiter der Maschine gegenüber so machtlos wie der Heizer, der nichts dafür kann, daß seine Maschine 1000 oder 2000 Pferdekräfte entwickelt. Die Frage ist aber so nicht richtig gestellt. Man muß zusehen, ob zwei Maschinen von gleicher Kraft, Größe und Geschwindigkeit verschiedene Leistungen aufweisen können. In der Tat zeigen zahlreiche Instanzen, daß dies der Fall ist.

Wie Freese gefunden hat, kommen auch bei Maschinen mit feststehender Geschwindigkeit so viele Pausen und Zeitverluste beim Anhalten und Umstellen vor, daß trotz kürzerer Arbeitszeit intensiverer Betrieb eintreten kann. Aus denselben Kreissägen und Hobelmaschinen wird bei gleicher Umdrehungsgeschwindigkeit eine Mehrleistung herausgeholt[1]. — Eine Petroleumraffinerie unterhält Lager in New York, London, Rotterdam und Mannheim. An allen vier Orten stehen vier absolut gleiche Maschinen, um Reifen an die Fässer anzuziehen. Der Amerikaner, ein Spezialist, bringt es täglich auf 700 Fässer; die anderen schaffen mit derselben Maschine nicht viel über 200. — Nach der Ansicht eines amerikanischen Fabrikanten, der mehrere Jahre in Europa zubrachte, liefert der deutsche Arbeiter, ausgerüstet mit den besten amerikanischen Maschinen, höchstens 60% von dem, was der Amerikaner unter gleichen Bedingungen herausbringen würde[2]. Wie sich aus den beiden Angaben ersehen läßt, leistet der Amerikaner auch im Übertreiben mehr als andere; im Grunde ist das Verhältnis doch richtig gekennzeichnet. Ein deutscher Techniker schätzt z. B. die Mehrleistung des Amerikaners auf 25%[3].

Die größte Wollkämmerei der Welt, Holden in Bradford, besitzt in England und Frankreich technisch völlig gleich eingerichtete Betriebe. Die Löhne sind in England höher; doch ist das Produkt des einzelnen Arbeiters bei weitem größer, obgleich die Arbeitszeit hier 56½ Stunden, in Frankreich

---

[1] Freese, Fabrikantensorgen, S. 18.
[2] E. Schalck, Der Wettkampf der Völker mit besonderer Bezugnahme auf Deutschland und die Vereinigten Staaten von Amerika (Natur und Staat, Teil VII), 1905, S. 88, 90.
[3] H. Nordmann, Eindrücke und Bilder von einer Studienreise in Nordamerika. Z. d. V. d. I., 1903, S. 868.

seinerzeit 72 Stunden beträgt[1]. Niemand wird leugnen, daß es schlechte oder veraltete Maschinen gibt, denen selbst der beste Arbeiter keine Mehrleistung abzuringen vermag. „Aus solchen Fällen", sagt Schuler, „holen einzelne ihre Beweise für die angebliche Schädigung des verkürzten Arbeitstages. Aber es sind Ausnahmefälle; unendlich häufiger ist alles eingebracht, und zwar, wie zahlreiche Industrielle betonen, bald nach der Quantität der Leistung, bald durch ihre verbesserte Qualität[2]."

Ein großer englischer Eisenindustrieller erklärt geradezu: „Zwei absolut identische Maschinen können nach ihren Leistungen völlig voneinander abweichen, je nachdem Fähigkeit und Impuls — ability and push — auf Seiten des Arbeiters fehlen[3]. In einer großen englischen Schuhfabrik schwankt die wöchentliche Produktion bei einer bestimmten Aufzwickmaschine je nach Geschicklichkeit und Eifer des Arbeiters zwischen 666 und 1270 Paar Stiefeln[4]. Auch Schönhoff berichtet, das gleiche Maschinen bei gleichen Aufgaben die verschiedensten Resultate zeitigten[5]. Ja, in vielen Fällen wird sich der persönliche Faktor bei Maschinenarbeit noch bemerkbarer machen als bei Handarbeit, da er bei jener auf mehr Material zu wirken vermag. Rae will bei Tätigkeiten ohne Maschine die Arbeit von drei Engländern der von vier bis sechs Franzosen gleichsetzen, bei Arbeiten mit Maschine aber der von neun Franzosen. Eine starke Übertreibung auf Kosten der „insularity", die doch einen sehr wahren Kern birgt.

Auf solcher Grundlage erwächst höhere Intensität der Arbeit. Nur so ist es möglich, wie der ehemalige Minister Chamberlain aus seiner Tätigkeit als Maschinenbauer berichtet, daß dieselben Arbeiter mit denselben Maschinen ihre Stundenleistung bedeutend steigern, nachdem die Arbeitszeit allmählich von 12 auf 9 Stunden herabgesetzt wird; nur so wird erklärlich, daß in einer Schweizer Maschinenfabrik der durchschnittliche Stundenlohn von 58 auf 63 Rappen steigt, obschon die Arbeitszeit eine Reduktion von 15,25% erfahren hat[6]. Nicht weniger hat sich jüngst die Einführung dreifacher Achtstundenschichten in einer großen Maschinenbauanstalt des Handelskammerbezirks Potsdam bewährt. Die Löhne blieben hier auf der alten Höhe, „da die Leute durch intensiveres Arbeiten den Ausfall der längeren Arbeitszeit ausgleichen[7].

---

[1] Hdwb. d. Staatsw., 1. Aufl., I, Suppl., S. 151.
[2] F. Schuler, Ausgew. Schriften, 1905, S. 92.
[3] J. Rae, S. 111.
[4] S. u. B. Webb, Theorie u. Praxis der engl. Gewerkvereine, 1898, I, S. 366
[5] Schönhoff, The Economy of high Wages, 1892, S. 26.
[6] Brentano, Das Verhältnis von Arbeitslohn und Arbeitszeit zur Arbeitsleistung, S. 79. — Soziale Praxis, 1906, S. 69.
[7] Jahresber. d. Potsdamer Handelsk., Sitz Berlin, 1907, S. 89.

Jeder, der den Betrieb einer Fabrik kennt, weiß, wie oft der Arbeiter Gelegenheit hat, absichtlich oder nicht, das Produktionstempo zu verlangsamen. Nicht selten drücken Leute jahrelang aus Furcht vor Herabsetzung der Akkorde ihre Leistung künstlich herab. Sie lassen die Drehbänke leer laufen, stellen übertrieben sorgfältig ein, suchen lange nach Materialien usf. Bei einer Probearbeit wurde nach Angaben von G. Schlesinger gebraucht: geschleppt 4 Stunden, ehrlich $1^1/_2$ Stunde. Schließlich wird diese Arbeit für beide Fälle in einer Stunde geleistet. — Ein Ingenieur der Maschinenbauanstalt Fowler in Leeds berechnet, daß die Maschinen während eines Viertels bis Fünftels leer laufen. Bei zu langem Arbeitstag bröckelt die Produktionszeit an zahllosen Punkten ab. „Take it easy" ist die Losung langer Arbeitszeit. Dem Verfasser ist ein charakteristischer Fall bekannt. In den letzten Stunden eines langen Arbeitstages stellten Leute ihre Maschinen zeitweilig einfach ab, sobald sich der Aufseher entfernte. Es waren freilich Zeitlöhner.

Das gefährlichste Zeugnis für die Macht des Arbeiters gegenüber der Maschine ist das Ca'canny-System, das als hemmendes Moment einem Aufschwung zur industriellen Suprematie im Wege stehen muß[1]. — Wie sehr die Intensität der Arbeit sich gewissermaßen als Abhängige einer „persönlichen Gleichung" darstellt, erhellt aus der Beobachtung, daß die Arbeiter während der ersten Hälfte des Arbeitstages oft 50% mehr leisten, als in der zweiten[2]. Unerklärlich wäre sonst, wie Leute unter objektiv gleichen Produktionsbedingungen verschiedene Resultate erzielen. Bei Spinnern und Webern, bei Drehern und Hoblern gibt es bekanntlich starke und schwache Verdiener. — Wie wenig menschliches Schaffen einem mechanischen Prozeß gleicht, der automatisch-gleichmäßig abrollt, das kann jede durch Akkorde oder andere Lohnsysteme gesteigerte Arbeitsleistung anschaulich machen. Hier sei nur — eins von vielen Beispielen — der strikte Nachweis angeführt, den das „Handbuch der Entlöhnungsmethoden" bringt. Bei der Anfertigung von Dachkonstruktionen, Windverbänden, schmiedeeisernen Stützen, Fenstern, Wellblechtüren usw. erspart der im Akkord beschäftigte Arbeiter durchschnittlich ein Viertel bis ein Drittel der Arbeit, die Zeitlöhner erfahrungsgemäß brauchen[3]. „Man rechnete heute im großen und ganzen," sagt Schmoller, „daß je nach Rasse, Gewerbe

---

[1] Regulation and Restriction of Output. 11th Report of the Comm. of Labor, Wash. 1905.
[2] E. Roth, Gewerbehygiene, Hdb. d. Hyg., herausgeg. v. Weyl, Bd. 8, S. 27.
[3] Schloß-Bernhard, Handb. d. Entlöhnungsmethoden, 1906, S. 68—70.

und Technik die Leistungen der Arbeiter mit dem Stücklohn um 20—100 % zunehmen[1].

Wir werfen jetzt die Frage nach den äußeren, objektiven und vom Arbeiter unabhängigen Bedingungen auf, von denen jede Steigerung der Arbeitsintensität bei kürzerer Arbeitszeit getragen wird. Es ist nur von den eigentlich technischen Voraussetzungen die Rede. Die Betriebsorganisation wird übergangen, da ihr ein Sonderkapitel gewidmet ist. Spätere Ausführungen vorwegnehmend, ist vor allem darauf hinzuweisen, daß der arbeitsteilige Charakter der modernen industriellen Produktion einer zeitlichen Kontraktion der Arbeitsakte entgegenkommt, ja sie erst ermöglicht. Besonders deutlich und in typischer Weise bringt die amerikanische Industrie diesen Zug zur Geltung. Ihre Produktionsmethoden haben natürlich auch in erstklassigen europäischen Werken Eingang und Weiterbildung gefunden, ohne freilich so erstaunliche Ausmaße erreicht zu haben. Die amerikanischen Schnellbetriebe sind wegen ihrer hohen Arbeitsintensität bekannt und gefürchtet[2]. Hohe Löhne und relativ kurze Arbeitszeiten, beim Maschinenbau durchschnittlich 9 Stunden, zwingen dazu, aus Menschen und Maschinen die höchstmögliche Leistung herauszuholen. In mehreren Staaten ist sogar ein gesetzlicher Achtstundentag eingeführt worden[3].

Die amerikanische Fabrikation ist auf Spezialisation und

---

[1] Schmoller, Grundriß II, S. 287. — Anm. Wenn die deutschen Werften nach Halle-Schwarz (Die Schiffbauindustrie in Deutschland und im Ausland, 1902, II, S. 105) mit durchschnittlich zehnstündiger Arbeitszeit gegen Kürzung derselben sind, weil ihre Maschinen nicht schneller laufen können, so wird die Identität von nomineller Arbeitszeit und realer Produktionszeit unbewiesen vorausgesetzt. Die Schiffbaufirma Short Gebr. in Sunderland konstatiert z. B., daß auch ihre Maschinen, trotz kürzerer Arbeitsschicht, mehr produzieren (Soz. Praxis, 1898, S. 1173). — Sombart weist auf die Möglichkeit hin, „durch Eingliederung des lebendigen Arbeiters in den leblosen Mechanismus des Maschinensystems jenem durch die beliebige Beschleunigung des Tempos der Maschinen einen Intensitätsgrad von Kraftaufwand aufzunötigen, den er bei freier Beweglichkeit nie zu erreichen vermöchte" (Der moderne Kapitalismus, 1902, II, S. 510). Diese einseitige Charakteristik folgt deutlich den Spuren von Karl Marx, der eine solche Auffassung des Arbeitsprozesses am entschiedensten vertritt (Marx, Kapital I, 1872, S. 440 f.). Auch Sombart spricht von einer Tendenz zur Verewigung des Arbeitstages. Hiergegen läßt sich mit mindestens ebensoviel Recht sagen, daß der Arbeiter kein von dem Spiel der Betriebskräfte willenlos getriebenes Atom, sondern einen maßgebenden Faktor des Produktionsganges darstellt.

[2] Levasseur, L'Ouvrier américain I, 1898, S. 110. — A. Kolb, Als Arbeiter in Amerika, 1904, S. 72. — A. Shadwell, England, Deutschland und Amerika, 1908, S. 339—340.

[3] Amerikanische Arbeitszeiten: Shadwell, S. 317, 327, 331. — E Schalck, Der Wettkampf der Völker, S. 90. — P. Möller, S. 11, 133 bis 134. — Reichsarbeitsblatt, 1904, S. 143 (gesetzlicher Achtstundentag).

Massenfabrikation aufgebaut[1]. Dieses Prinzip durchdringt die Industrie derart, daß eine Fabrik nicht allein ein Sondergebiet, wie den Bau von Werkzeugmaschinen, wählt, sondern daß sie nur Drehbänke herstellt. Doch nicht genug. Man konstruiert Standardmodelle, baut überhaupt nur Drehbänke der gleichen Art, schließlich auch der gleichen Größe. Ein Stück gleicht dem andern, die Teile sind auswechselbar[2]. Wenn einmal von den Standardformen abgewichen werden muß, kommen wenigstens soviel wie möglich normalisierte Teile zur Anwendung. Dieses System, das seine Entstehung den standard gauges von I. Whitworth verdankt, bildet die Grundlage des amerikanischen Schnellbetriebes. Jeder Arbeiter wird dabei ein vollendeter Spezialist, der trotz höherer Arbeitsintensität gleichmäßig und gut zu produzieren imstande ist. „De là une extrême rapidité dans la production", bemerkt ein französischer Ingenieur[3]. Jede Individualisierung der Arbeit von Fall zu Fall, jede abnormale Fabrikation wird ausgeschaltet. Der Leiter der Westinghouse Electric-Mfg. Co. kennzeichnet die amerikanischen Arbeitsmethoden folgendermaßen:

„Unsere Arbeiter bleiben in der gleichen Werkstätte, an derselben Drehbank, an demselben Kran, an derselben Maschine. So gewinnen sie an der Stelle, an der sie stehen, eine außergewöhnliche Fertigkeit; sie werden Spezialisten in ihrem Fach, in dem Bereich ihrer Arbeit und leisten durch die jahrelang betätigte Übung quantitativ und qualitativ in 8 Stunden vielleicht mehr als ein Arbeiter drüben in der doppelten Zeit[4]."

Im Anschluß hieran sei kurz an die S. 27/28 gebrachten Zahlen erinnert, die den Einfluß der Übung bei der Wiederkehr der gleichen Operation klar herausstellen.

Auch bei uns gewinnt die Einsicht mehr und mehr an Boden, daß die Produktion bisher zu stark durch die Anpassung an wechselnde Aufträge und individuelle Wünsche gebunden war. Am wichtigsten ist für den Maschinenbau die Normalisierung der Einzelteile, die nicht von Fall zu Fall, sondern auf Vorrat hergestellt werden. Die wichtigsten Maschinenelemente, wie Schrauben, Bolzen, Muttern, Zapfen, und Ventile, aber auch ganze Konstruktionsglieder, wie Exzenter, Pleuelstangen, Schwungräder, können normalisiert

---

[1] P. Möller, S. 3 f. — E. Schalck, S. 112. — F. A. Vanderlip, Amerikas Eindringen i. d. europ. Wirtschaftsgebiet, 1903, S. 25. — Kassel, Amerik. Geschäftsleben, 1908, S. 60. — Schmerse, Der Zusammenhang v. Konstrukt. u. Fabrik. amerik. Werkstätt., Z. d. V. d. I., 1906, S. 1273—1276.
[2] Eine hübsche demonstratio ad oculos berichtet Marshall, Hdb. d. Volkswirtschaftslehre, 1905, S. 283.
[3] Levasseur I, S. 236.
[4] L. M. Goldberger, Das Land der unbegrenzten Möglichkeiten, 1903, S. 35; vgl. ferner S. 198.

werden[1]. Bei diesem System werden schwierige Arbeitsstücke schneller und besser, teilweise von Spezialfabriken hergestellt. Die Werkzeuge und sonstigen Betriebseinrichtungen werden ergiebiger ausgenutzt. Der Werkstattorganisator West äußert sich in einem Briefe an den Verein Deutscher Werkzeugmaschinenfabrikanten über die gedrückte Lage mancher Unternehmungen[2]. Außer falscher Selbstkostenberechnung hätten sie es verabsäumt, durch zielbewußte Konstruktion ihrer Erzeugnisse, besonders Normalisierung der Einzelteile, die wirtschaftlich-technische Grundlage für eine Massenfabrikation zu legen. Die Arbeitsweise in den notleidenden Fabriken sei keine fabrikmäßige, sondern eine handwerksmäßige; sie bestehe in Einzelanfertigung ganzer Maschinen und nicht in Massenanfertigung von Einzelteilen. Soweit West.

In Amerika wird die Standardisation und Normalisierung durch den Riesenabsatz und die Trustbewegung sicher begünstigt. — Die Baldwinwerke in Philadelphia, die größten Lokomotivenfabriken der Welt, die 19000 Mann beschäftigen, fertigen relativ wenig Typen an, die man noch zu vermindern sucht[3].

In der amerikanischen Eisenindustrie kommt die gleiche Tendenz zum Durchbruch. Nicht bloß der Stahltrust, sondern auch die außerhalb stehenden Werke walzen verhältnismäßig wenig Trägerprofile. „Neben anderen Vorteilen kann sich der Arbeiter auf bestimmte Profile und Schweren einarbeiten und eine größere Tagesleistung erzielen.... Wenn ein Arbeiter immer ein bestimmtes Profil macht, arbeitet er sich so ein, daß für sonst zwei Leute nur einer notwendig ist[4]." Die Arbeitsleistung eines einzelnen Mannes soll dadurch auf das Dreifache gestiegen sein. Der deutsche Stahlwerksverband scheint erst vor kurzem seine einzelnen Anlagen auf bestimmte Profilsorten zugeschnitten zu haben. Deutschland walzt über 400 Profile, die sich nach Tille ohne Schaden auf 60—80 verringern ließen. Eine vom produktionstechnischen Standpunkt vorteilhafte Verminderung der Profile entspricht keineswegs

---

[1] J. H. West, Hie Europa, hie Amerika, 1908, S. 46. Ders.: Zur Lage d. deutsch. Werkzeugmasch.-Fabr., Deutsche techn. Rundschau. 1905, S. 356. — P. Möller, Z. d. V. d. I., 1905, S. 104. — Klein, Spezialisierung im Maschinenbau, Z. d. V. d. I., 1907, S. 997. — Einer Normalisierung sind weiter zahlreiche Teilstücke fähig, wie Keile, Schraubenschlüssel, Durchmesser von Wellenachsen, Lager und Lagerschalen, Kolben und Stopfbüchsen, Riemenscheiben und -führer, Handräder, Drehkreuze, Handgriffe und Hebel, Kurbeln, Zahnräder, kleine Getriebe und Gelenke; ferner Kupplungen, Hähne, Kastentüren usw. (Nach West.)

[2] J. H. West, Deutsche techn. Rundschau, 1905, S. 355.

[3] Deutsche techn. Rundschau, 1905, S. 199; Z. d. V. d. I., 1907, S. 997.

[4] A. Tille, Die deutsche Eisenindustrie u. ihr Kampf um d. Weltmarkt, Z. d. V. d. I., 1905, S. 1724.

immer den Bedürfnissen der Konsumenten, eine Frage, die hier so wenig zu verfolgen ist, wie die Ursachen dieser Entwicklung oder deren weiterer Verlauf. Während bei uns für den Hoch- und Schiffbau bei gleichen Profilsorten 172 Profile mit 445 Abmessungen hergestellt werden, braucht England für die gleichen Zwecke nur 129 Profile mit 205 Abmessungen[1]. Zu berücksichtigen ist dabei, daß in der Praxis jede Abmessung fast einem neuen Profil gleichkommt.

Gleiche Zustände anderweitig. West erwähnt, daß eine deutsche Maschinenfabrik mit etwa 300 Arbeitern mehr als 600 verschiedene Maschinen und Größen in ihren Preislisten führt. Eine Schuhfabrik in Boston fertigt an einem Tage 10000 Paar an, aber nur Herrenschuhe, während bei uns eine Fabrik mit einer Tagesleistung von 1500 Paar alle Sorten herstellt.[2]

Den soeben ganz allgemein skizzierten Arbeitsmethoden gehen im einzelnen technisch-sachliche Veränderungen parallel, die flüchtig angedeutet werden müssen. Die Grundlage exakt und schnell durchgeführter Arbeitsprozesse bilden die Meßsysteme. Ihr Fortschritt gestattet genaue Messung, die besonders bei auswechselbaren Teilen nötig ist, um zeitraubende Zusammenpaßarbeit zu vermeiden. Der Festlegung von Typen und Normalien von der Konstruktion her entspricht bei dem Meßsystem das Prinzip der Lehren, das verstellbare Maßstäbe durch feste ersetzt. Außer Bohr- und Feillehren, Meßklötzen usw. werden Grenzlehren verwendet, die im höchsten Grade präzises und rasches Arbeiten bis auf $1/100$ mm ermöglichen, indem die Abweichung über und unter ein gewisses Maß festgelegt wird[3]. Selbstverständlich verfügt der moderne Maschinenarbeiter auch über die feinsten allgemeinen Meßinstrumente, wie Tasterzirkel, Mikrometerschrauben usw. Schablonen ersparen das zeitraubende Anreißen. Wie ungenau und langsam sind dagegen die Instrumente, mit denen der Handwerker bei einer Arbeit mißt, die doch auch einiger Präzision und Pünktlichkeit bedarf.

Mit Hilfe dieser Mittel ordnet der geschickte Mann seine Tätigkeit derart an, daß er mit einem Minimum von Handgriffen ein Maximum an Leistung entfaltet. Häufig hat z. B. ein Arbeiter ein ungenau ausgebohrtes Loch nachzufeilen, wobei er vielleicht anderthalb Tage unnütz vergeudet. „Bei richtigem Gebrauch der ihm zur Verfügung stehenden Werkzeuge und Lehren kann der Arbeiter dem Fabrikanten viel

---

[1] Kielhorn, Englische und deutsche Normalprofile im Schiffbau. „Stahl und Eisen", 1907, S. 370/71.
[2] Klein, Spezialisierung im Maschinenbau, Z. d. V. d. I., 1907, S. 997.
[3] J. T. Usher, S. 26/27. — R. Grimshaw, S. 121. — P. Möller, S. 15 f.

Zeit und Geld ersparen[1]." — Hinsichtlich der eigentlichen Bearbeitungstechnik bietet die amerikanische Industrie wieder ein besonders charakteristisches Bild.

Das Bestreben, die großen investierten Kapitalien trotz hoher Löhne und kurzer Arbeitszeiten möglichst ergiebig auszunutzen, hat in Amerika mehr als anderwärts die Einführung aller der Einrichtungen und Mittel begünstigt, auf denen der Schnellbetrieb ruht. Um die toten Zeiten auf ein Minimum herabzudrücken, wird die amerikanische Werkstattpraxis von dem Ideal getragen, alle Bewegung der Arbeitsstücke durch Maschinen ausführen zu lassen und zur Beaufsichtigung eine möglichst kleine Zahl besonders zuverlässiger, gebildeter Arbeiter zu verwenden, denen alle Betriebsmittel zur Verfügung stehen, um während der Produktionszeit ein Maximum an Leistung zu entwickeln[2]. Zahlreiche Transportmittel, wie Gleitbahnen und Hebezeuge, befördern ein Werkstück so schnell wie möglich von einer Maschine zur anderen. Besondere Arbeitskräfte besorgen die Gänge und das Schleifen der Werkzeuge[3].

Um den Produktionsgang zu beschleunigen, sind mehrere Werkzeuge zugleich an einem Stück tätig. Das Prinzip „viele Werkzeuge an einer Maschine" wird durch das „viele Arbeitsstücke an einer Maschine" ergänzt. So werden auf Hobelmaschinen eine größere Zahl Stücke zu gleicher Zeit aufgespannt und bearbeitet. Die Kombination beider Arbeitsweisen ergibt die Mehrfachmaschine, bei der mehrere Werkzeuge gleichzeitig mehrere Arbeitsstücke behandeln[4]. Bei einer mehrspindligen Bohrmaschine arbeiten z. B. 7 Werkzeuge, die sich auf 4 Spindeln, 3 Stichel und 1 Gewindebohrer verteilen, auf einmal. Eine solche Maschine verlangt genaueste Einstellung und geschickte, liebevolle Bedienung[5]. Alle diese Einrichtungen vermindern die toten Zeiten für Einspannen der Werkzeuge und Arbeitsstücke. Besonders sind die Amerikaner darauf bedacht, diese Zeitverluste durch spezielle Wechselaufspannvorrichtungen, Schnellverschlüsse und magnetische Aufspannvorrichtungen möglichst auszuschalten. Einen gewissen Abschluß stellen in dieser Richtung Bohrvorrichtungen (jigs) dar, die das Arbeitsstück wie eine Form umschließen und bei denen die Werkzeuge von außen durch Öffnungen eindringen[6].

Diese Andeutungen bezwecken nur, auf gewisse technisch-

---

[1] R. Grimshaw, S. 142.
[2] Z. d. V. d. I., 1891, S. 491.
[3] P. Möller, S. 8, 92.
[4] K. Haller, Fabrikationsgrundsätze des amerikanischen Maschinenbaues, Z. d. V. d I., 1895, S. 939. — P. Möller, S. 6—8.
[5] Z. d. V. d. I., 1903, S. 288.
[6] P. Möller, S. 8—9, 23.

sachliche Voraussetzungen, von denen höhere Arbeitsintensität bedingt wird, aufmerksam zu machen. Die Produktionsmittel müssen eine bestimmte Höhe technischer Kultur erreicht haben, ehe der Arbeiter imstande ist, seine Leistung bei kürzerer Arbeitszeit zu steigern. Dieses Niveau hat die handwerksmäßige Produktion noch nicht überschritten. Sie kann, wie sich später zeigen wird, ihren Intensitätsgrad nicht wesentlich erhöhen.

Drittes Kapitel.
Die Intensivierung der Arbeit durch Vereinigung mehrerer Maschinen in einer Hand.

In dem vorigen Abschnitt wurde die Möglichkeit höherer Arbeitsintensität durch zeitliche Verdichtung der Produktionsakte erörtert. Dieser Oberbegriff umfaßt eine Fülle von Erscheinungen, aus der sich eine Gruppe absondern läßt: die Vereinigung mehrerer Maschinen in einer Hand. Bei diesem Sondertypus intensiverer Arbeit kehrt durchgehend der Zug wieder, daß der zeitlichen Zusammenfassung der Arbeitsprozesse eine **räumliche** der Arbeitsinstrumente parallel geht.

Die Vereinigung mehrerer Maschinen in einer Hand kann sich erst bei einem gewissen technischen Niveau durchsetzen. Sie tritt umso stärker in den Vordergrund, je mehr sich die Tendenz zu automatischer Gestaltung der Maschine in der technischen Entwicklung aufringt. — Wenn die Tätigkeit des englischen Webers in den letzten siebzig Jahren zwölfmal, die des Spinners sechsmal ergiebiger geworden ist[1], so strengt sich der Arbeiter nicht sechs- oder zehnmal mehr an. Die persönliche Leistung steigt freilich, sie gewinnt aber einen anderen Inhalt. Wie höhere Geschwindigkeit, so stellt auch die durch den technischen Fortschritt bedingte Übernahme einer größern Zahl Maschinen an den Arbeiter höhere Anforderungen[2]. Die Steigerung der Arbeitsleistung von der persönlichen Seite her ist untrennbar mit den technisch-sach-

---

[1] Ellison, Cotton Trade of England nach Marshall, Hdb. d. Volkswirtschaftslehre, 1905, S. 287.
[2] „Ein Handweber", schreibt Schulze-Gävernitz (Großbetrieb, S. 167), „kann 13 Stunden den Tag arbeiten; einen Sechsstuhlweber 13 Stunden arbeiten zu lassen, ist eine physische Unmöglichkeit. Wer den Mulespinner zu Oldham beobachtet hat, umschwirrt von 2½ Tausend Spindeln, oder die Weberin zu Burnley, umtost von 4, ja 6 Webeschifflein, weiß, welch hoher Grad geistiger Anspannung hier erfordert wird." — Vgl. ferner: Die Arbeitszeit der Fabrikarbeiterinnen, S. 144, 150, 221. — Zu den Ausführungen dieses Kapitels ist auch auf den Abschnitt „Intensifikation der Arbeit" in Marx' Kapital I, 1872, S. 428—439, zu verweisen.

lichen Veränderungen verwebt. „Beide Entwicklungen bedingen sich so sehr, daß in bezug auf die Mehrproduktion nicht zu sagen ist, wie viel auf die Rechnung des einen oder des anderen Faktors kommt [1]."

Die Zusammenfassung mehrerer Maschinen in einer Hand regt den Arbeiter zu intensiverer Ausnutzung seiner Kräfte an; auf der anderen Seite wird kürzere Arbeitszeit geradezu Bedingung so gesteigerter Arbeit. Vor allem eröffnet sich dem individuellen Können ein Feld der Betätigung. Je nach Fähigkeit, Aufmerksamkeit und Schnelligkeit wird die Zahl der bedienten Maschinen schwanken. Selbst bei den ununterbrochen laufenden Maschinen kann auf diesem Wege eine Steigerung der persönlichen Leistung eintreten. Martin führt an, daß eine nicht durch lange Arbeitszeit überanstrengte Arbeiterin viel mehr Krempelmaschinen bedient, als eine des Denkens unfähige, körperlich zurückgebliebene [2]. In England bedient ein Mann sieben bis acht, in Oldham sogar neun Krempelmaschinen [3].

Der englische Spinner bedient mit einem Gehilfen zwei Rahmen zu je 800 oder einen Selfaktor von 3000 Spindeln. Der chinesische und japanische Arbeiter bringt es bis jetzt nur auf 2—300. Dem Elsässer gegenüber bedient der Engländer 160% mehr Spindeln, die 70% schneller laufen und verliert 10% weniger Arbeitszeit [4]. Auf jede in der Baumwollindustrie überhaupt beschäftigte Person kommen in England 78, in Frankreich nur 60 Spindeln [5]. Schulze-Gävernitz hat berechnet, wieviel Arbeiter im Jahresmittel von 1887 bis 1892 auf je 1000 Spindeln kommen: in England 3; in Oldham bloß 2,4; in Mülhausen 5,8; in der Schweiz, Baden und Württemberg 6,2; im Elsaß 8,9 und in Bombay 25 [6]. Atkinson hat für Massachusets gezeigt, daß die Zahl der von einem Arbeiter an einem Tage verarbeiteten Pfund Baumwolle 1840 bis 1880 um 190% (von 10,76 auf 31,2 Pfd) stieg, während die Arbeitszeit um 15% gesunken war. Die Mehrleistung rührt vor allem von der größeren Zahl Spindeln in einer Hand her; aber auch pro Spindel vermehrte sich die Leistung um 22% [7]. — Nach Berechnungen desselben Autors kommen für die Baumwollindustrie Amerikas auf zwei Arbeiter in den Südstaaten einer in Neu-England.

---

[1] Schulze-Gävernitz, Der Großbetrieb, S. 54.
[2] Arch. f. soz. Gesetzgeb. u. Stat. VIII, S. 258.
[3] Schulze-Gävernitz, a. a. O., S. 123.
[4] A. Tille, Der Wettbewerb weißer und gelber Arbeit in der industriellen Produktion. 1904, S. 56. — J. Rae, S. 152.
[5] Brassey, Work and Wages, 1894, S. 167.
[6] Schulze-Gävernitz, S. 121. — Eine ähnliche Zusammenstellung bei Marx, Kapital I, S. 576.
[7] J. St. Jeans, Labour in relation to wages, hours of work and efficiency. Journ. of the Royal Stat. Soc. Vol. 55, 1892, S. 641.

Die gleiche Tendenz kommt auf der ganzen Breite der Textilindustrie zum Durchbruch. Der englische Weber versieht 3—4, in neuerer Zeit sogar 6—8 Stühle; ein Italiener meist einen, ein Deutscher durchschnittlich zwei Stühle[1]. — Die Textilindustrien von Lancashire und Glasgow konkurrieren ernsthaft miteinander. Abgesehen von einigen Spezialitäten schlägt Lancashire Glasgow stets, sobald es auf die Quantität ankommt. Der von Glasgow abgesandte Kommissar führt in seinem Bericht aus, daß die Webekosten in Schottland höher sind als in Lancashire, obgleich der Schotte nur den halben Lohn bezieht. Er leistet dafür weniger, bedient nur zwei Webstühle, während der Lancashiremann mindestens vier übernimmt[2].

Die amerikanische Industrie stellt bekanntlich bei hohen Löhnen und relativ kurzen Arbeitszeiten an ihre Arbeiter hohe Anforderungen. 1893 werden in den Merrimack-Mills (Massachusets) 8 Stühle von einer Person übernommen; in Nashua (New-Hampshire) je nach Gewebeart und Geschicklichkeit 2, 4, 6 Stühle. In einem Etablissement überwachen 15 Weber oder Weberinnen 4 Stühle, 17 haben 5, 126 6, 1 hat 7 und 18 haben 8 unter sich[3]. Diese Verhältnisse setzten französische Weber, die als Delegierte auf die Ausstellung von Chicago gesandt waren, in Staunen. Nach französischem Brauch bedient ein Weber nur zwei Stühle.

In dem neusten Stadium der amerikanischen Textilindustrie kommt das Prinzip „mehr Maschinen in einer Hand" wieder deutlich zur Geltung. Je vollendeter die Maschine, desto mehr Stühle. Der amerikanische Northropstuhl automatisiert den Spulenwechsel. Statt 8 erhält ein Weber jetzt 16—20 Stühle zur Aufsicht[4]. Er hat vor allem die Spulentrommel zu füllen und zerrissene Kettenfäden anzuknüpfen. In amerikanischen Webereien gibt es Leute, die ihre Arbeit in eine Hetzjagd verwandeln. Sie bedienen bis zu 30 und 40 Stühlen, indem sie in einem Rennen bleiben[5]. Solche Auswüchse können natürlich zu Schädigungen des Nervensystems führen.

Während die Arbeitszeit allmählich sinkt und die Produktion steigt, nimmt in allen Zentren des Textilgewerbes die Gesamtzahl der Spindeln und Webstühle weit stärker zu, als die Zahl der Arbeiter. Die englische Entwicklung weist 1856—1885 folgenden Verlauf auf[6]:

---

[1] Vgl. E. Müller, Hdb. d. Weberei, 1896, S. 713.
[2] J. Rae, S. 155.
[3] E. Levasseur, L'ouvrier américain, 1898, I, S. 97.
[4] E. Levasseur, I, S. 98, 137. — E. Müller, Hdb. d. Weberei, S. 1117.
[5] Der Northropwebstuhl, Deutsche Technische Rundschau, 1905, Nr. 23.
[6] Schulze-Gävernitz, Zum soz. Frieden, 1890, II, S. 276.

	Spindeln	Webstühle	Arbeiter
1856 . . .	28 010 217	298 847	379 329
1885 . . .	44 348 921	560 955	504 069
Zunahme . .	**58,3 %**	**87,7 %**	**32,9 %**

Die Zahl der Spindeln und Webstühle steigt um 58,3 und 87,7 %, die der Arbeiter nur um 32,9 %. — Die amerikanische Baumwollindustrie zeigt einen parallelen Gang[1]:

	Spindeln	Webstühle	Arbeiter
1830 . . .	1 246 703	33 433	62 208
1890 . . .	11 088 103	324 866	221 585
Zunahme . .	**1 : 8,9**	**1 : 9,7**	**1 : 3,6**

Einer Vermehrung der Arbeiter um das 3,6fache steht hier ein Anwachsen der Spindeln und Webstühle um 8,9 und 9,7 gegenüber. — Ein räumlich enger begrenztes Beobachtungsfeld bilden die Produktionszahlen von acht großen Werken aus Lowell, einem Mittelpunkt der amerikanischen Textilindustrie. Von 1835—1893 vermehren sich hier die Spindeln um 8,1, die Webstühle um 5,7, die Arbeiter nur um 3,2[2]. — Schließlich sei noch ein deutsches Zeugnis angeführt. Die Zahl der im Rheinland arbeitenden Spindeln beträgt 1887 435 000; 1905 arbeiten ungefähr 1 350 000 Spindeln in dieser Gegend. An Webstühlen sind ohne Leinen-, Seide- und Samtindustrie 20 000 vorhanden. Die Zahl der Spindeln steigt 1887—1905 von 1 auf 3, die der beschäftigten Arbeiter nur von 1 auf 1,6, nämlich von 25 000 auf 41 000. Dementsprechend hebt sich der Verdienst im Durchschnitt für jeden Arbeiter von 600 auf 800 Mk. jährlich[3]. — Interessant ist die Tatsache, daß in Ostindien die persönliche Leistungsfähigkeit bei Vermehrung der Arbeitsinstrumente nicht wächst[4].

	Spindeln	Webstühle	Arbeiter
1876/77	1 100 112	9 139	39 537
1891/92	3 272 988	24 670	117 922
Zunahme	**1 : 3**	**1 : 2,7**	**1 : 3**

Im allgemeinen durchdringt dieser Typus intensiver Arbeit die Industrie in dem Maße, wie die Automatisierung des Betriebes um sich greift. Die Wirkungssphäre persönlicher und maschineller Arbeit ist dann so geteilt, daß die Maschine mehr und mehr alle physische Formarbeit aufsaugt, der Mensch dagegen die leitend-dispositive Seite des Produktionsprozesses auf sich nimmt. Seine Arbeit erhält einen neuen Inhalt: er

---

[1] E. Levasseur, I, S. 41. Die Zahlen stammen aus dem 11. Zensus.
[2] Berechnet nach den „Annual statistics of manufactures in Lowell and neighbouring towns. Jan. 1893", bei Levasseur I, S. 72.
[3] Z. d. V. d. I., 1906, S. 1680.
[4] Neumann-Spallart, Übersichten der Weltwirtschaft, herausgeg. v. Juraschek, 1885—1896, S. 458.

gibt die geistigen Direktiven des Arbeitsvorganges[1]. Die Funktion der Hand wird durch eine mehr leitende, überwachende Tätigkeit abgelöst. Die Vereinigung mehrerer Maschinen in einer Hand ist eine Möglichkeit höherer Arbeitsintensität, die durch eine allein von seiten des Arbeiters ausgehende Veränderung nur in beschränktem Maße zu verwirklichen ist. Verbesserung oder Einführung neuer Maschinen ist wiederum eine Bedingung, die von dem Stande der Maschinenbautechnik, von Kapitalkraft und Geschäftsgang der Unternehmungen, von der geistigen Blickweite der Leiter abhängt.

In modernen Fabriken bedienen schon Durchschnittsarbeiter etwa 2 Schnelldrehbänke oder Fräsmaschinen, 3 Kreissägen, 5—6 Rundfräsmaschinen. In den Werkstätten von Ludwig Löwe & Co. überwacht ein Mann z. B. 2 automatische Fassondrehbänke, von denen jede in 40 Stunden 3000 Drahtstifte dreht. In den Hamburg-Amerikanischen Uhrenfabriken werden mehr als 1000 Sondermaschinen benutzt, um die Einzelteile herzustellen. Auf einen Arbeiter kommen vielfach 4—5 Stück. Solche Einrichtungen sind vorzüglich bei der Massenherstellung gewisser Artikel, wie Schrauben- oder anderer Einzelteile, möglich, wie sie in der Maschinen- und Uhrenindustrie, in Fahrrad-, Nähmaschinen-, Gewehr- und Munitionsfabriken vorkommen. Diese Arbeit übernehmen Revolverbänke und Ganzautomaten, die durch besondere Vorrichtungen zum Einstellen, Zentrieren, Messen (Supporte) die Handtätigkeit mehr und mehr ausschalten.

Auch in der Arbeitskategorie „mehr Maschinen in einer Hand" scheinen die Amerikaner besonders hohe Leistungen zu entwickeln. Fast allen Reisenden fällt das auf. So berichtet ein englischer Industrieller, daß in einer Werkstätte ein Arbeiter mit Hilfe eines Jungen nicht weniger als 15 automatische Maschinen zur Schraubenfabrikation bediene. Schleifmaschinen würden oft in Gruppen von 10 Stück zusammengesetzt, während in einer englischen Werkstatt 20 Arbeiter auf 40 Schleifmaschinen kämen[2]. Selbst in der Feinschleiferei versieht der geübte Mann unter Umständen 2 Maschinen[3]. Ein amerikanischer Fabrikant, der mehrere Jahre in Europa zugebracht hat, behauptet, daß in Deutschland 12 gelernte Arbeiter an 12 schraubenschneidenden Maschinen stehen, eine Arbeit, die in Amerika ein tüchtiger Mann mit Hilfe von 5 bis 6 Mädchen oder Jungen, die Material heranschaffen, verrichten würde[4]. Wie dem auch sei: Tatsache ist, daß in amerikani-

---

[1] Vgl. hierzu: G. Schlesinger, Die Entwicklung der Werkzeugmaschine und ihr wirtschaftlicher Einfluß. Z. d. V. d. I., 1908, S. 424.
[2] G. H. Reiswitz, Ca'canny, 1902, S. 72.
[3] P. Möller, S. 43.
[4] E. Schalck, Der Wettkampf der Völker, S. 90.

schen Werkstätten ein Mann vielfach 4—6 Revolverdrehbänke übernimmt, was in Deutschland wohl nur vereinzelt vorkommt[1].

Viertes Kapitel.
Die Ordnung der Pausen.

Die Tendenz, den Produktionsprozeß bei kürzerer Arbeitszeit durch Verminderung der toten Zeiten zu komprimieren, führt in natürlicher Konsequenz dahin, die eigentlichen Betriebspausen, die offiziellen Ruhezeiten zu vermindern, ja teilweise zu beseitigen. — In hygienischer und psychologischer Hinsicht ist der Gewinn einer in der Fabrik verbrachten Ruhepause ungleich weniger vorteilhaft als die gleiche Erholungszeit nach Schluß der Arbeit. Arbeitsstätten, die z. B. so warm und staubig sind, wie die der Eisenindustrie, bieten schon eine körperlich recht fragwürdige Erholung, von der seelischen zu schweigen. Noch zittert der eherne Rhythmus der Fabrik in den Nerven nach, und schon winkt von fern das strenge Zepter der Arbeit zu neuer Tätigkeit. Räume, auf denen stets die Atmosphäre des Werkstatttreibens lagert, entlassen die Seele nicht wirklich aus ihrer Stimmung, sondern halten den Geist auch während der Pause in ihrem Bann.

Für den Eintritt irgendeines Erfolges ist nicht allein die absolute Größe der angreifenden Kräfte maßgebend. Auch ihre Verteilung stellt ein wesentliches Moment des Erfolges dar. Man kann etwa die gleiche Last in rasch oder langsam folgenden Zügen um kleine oder große Strecken bewegen. Die kräftesparendste Verteilung ist je nachdem verschieden. Auch beim güterproduzierenden Betrieb muß es die „günstigste Pause" Kräpelins geben, die die vorteilhafteste Kombination von Lage und Dauer der Ruhezeit in bezug auf die Länge des Arbeitstages ergibt. Wenn die Forschung diese Verhältnisse mehr aufgehellt hat, wird die Volkswirtschaft und ihre Lehre davon vielleicht einigen Nutzen ziehen können. Eine Analogie zeigen verwandte Gebiete, wie etwa die Frage der besten Volksernährung.

In der Industrie ist die zeitliche Verteilung der Kräfte in großen Zügen durch die Wirtschaftsorganisation, im engeren Sinn durch die Arbeitsordnung vorgezeichnet. Sie bestimmt die Ruhepausen, schreibt Beginn und Schluß des Arbeitsprozesses vor; sie beeinflußt mehr oder minder die Arbeitsintensität. — Die Veränderungen, die die Maschinenbauanstalt von Johnson einführte, als die Arbeitsdauer von neun auf acht Stunden sank, sind in dieser Hinsicht charakteristisch[2].

---
[1] Z. d. V. d. I., 1903, S. 868.
[2] Bei Rae, S. 56.

Bei gleichen Zeitlöhnen steigt der Rohertrag, ohne daß Wandlungen in Technik, Geschwindigkeit der Maschinen und Selbstkosten eintreten. Statt von 6—5 Uhr mit zwei Pausen, läuft der Betrieb von 8—5 Uhr mit einer. Die erste Pause konnte ausfallen, da die Leute schon gefrühstückt hatten. Jede Unterbrechung bringt den Verlust einer Viertelstunde mit sich, der aus dem Fertigmachen zum Aufhören und mit den Vorbereitungen beim Wiederbeginn der Arbeit entspringt. Ferner steigt die Arbeitsfähigkeit in den Morgenstunden. Früher wurde vor dem Frühstück wenig getan, die Leistung war 50% weniger wert. Schließlich wird ein Weg nach Hause gespart. — Übrigens mißt auch Mather der Verlegung des Frühstücks vor die Arbeit einen bedeutenden Einfluß auf die Steigerung der Arbeitsleistung zu. Nach der Mahlzeit ist die Muskelleistung, wie experimentell festgestellt wurde, höher als vorher; Nahrungsaufnahme begünstigt die geistige Leistungsfähigkeit[1].

Der Inhaber einer Offenbacher Schuhfabrik erklärt: „Der Neunstundentag bewährt sich vorzüglich. Ich habe damit erreicht, daß die Frühstücks- und Vesperpausen mit dem unvermeidlichen Biertrinken wegfallen. Die Arbeiter sind und bleiben nüchtern, leisten dadurch mindestens dasselbe wie in 10 Stunden, was ich durch mehrwöchentliche Versuche genau feststellte"[2]. — Auch das Dejeuner des französischen Arbeiters bedeutet nicht nur einen unverhältnismäßig großen Zeitverlust, sondern hat noch den Nachteil, gewöhnlich in der Kneipe mit Alkoholgenuß eingenommen zu werden. Nach den Versuchen Aschaffenburgs setzt schon mäßiger Alkoholgenuß die Leistungsfähigkeit bei praktischer Arbeit um 15,2% herab[3]. In solchen Fällen könnte eine zweckmäßige Änderung der Arbeitsordnung erzieherisch wirken und die Leistung trotz kürzerer Arbeitszeit auf der Höhe halten.

England und Amerika haben im allgemeinen bei relativ kurzem Arbeitstag eine einzige Mittagspause[4]. Die sogenannte

---

[1] Römer, Versuche über Nahrungsaufnahme und geistige Leistungsfähigkeit. Psychologische Arbeiten, herausgeg. v. Kraepelin, II, S. 695. — Vgl. Kraepelin, Zur Hygiene der Arbeit. Neue Heidelberger Jahrbücher, 1896, S. 242. — Die Steigerung der Leistungsfähigkeit ist sehr wohl mit der Tatsache vereinbar, daß sich nach größeren Mahlzeiten während einer kleinen Spanne Zeit eine gewisse Indisposition zur Arbeit einstellt. Die körperlichen Energien werden nämlich während dieser kurzen Periode in bedeutendem Maße durch den Verdauungsprozeß absorbiert.

[2] Soz. Praxis, 1905, S. 33. — Ähnlicher Erfolg z. B. Jahresbericht d. Großherzogl. Bad Fabrikinspektion, 1905, S. 42.

[3] G. Aschaffenburg, Praktische Arbeit unter Alkoholgenuß, psych. Arb., herausgeg. v. Kraepelin, Bd. 1, S. 626.

[4] P. Möller, S. 134. — Shadwell (England, Deutschland und Amerika, S. 333) erwähnt übrigens auch für englische Verhältnisse eine Frühstückspause.

englische Arbeitszeit beruht auf frühem Schluß und acht-, höchstens neunstündiger Dauer der Arbeit bei möglichster Verkürzung oder Beseitigung aller Pausen. In den deutschen Tarifverträgen betragen diese bei zehnstündiger Arbeitszeit in der Regel 2 Stunden, wovon $^1/_2$ Stunde auf die Frühstücks-, eine Stunde auf die Mittags- und $^1/_2$ Stunde auf die Vesperpause gerechnet wird[1]. Die altmodische Sitte dreier Ruhezeiten, die bis vor kurzem in Deutschland herrschte, hat vornehmlich die langen Arbeitstage der früheren Zeit begünstigt, teilweise vielleicht verschuldet. Heute macht die englische Arbeitszeit auch bei uns beständige Fortschritte. § 136 der deutschen Gewerbeordnung gestattet auch bei Jugendlichen Wegfall der Vor- und Nachmittagspausen, sofern die Arbeitszeit 8 Stunden nicht übersteigt.

Wenn die Arbeitszeit in den Tarifverträgen neu geregelt wird, fällt zunächst die Vesper vielfach fort, und der Betrieb wird $^1/_2$ Stunde früher geschlossen[2]. Auf Grund des § 139 erhält z. B. eine Schuhwarenfabrik die Genehmigung, Vor- und Nachmittagspause fallen zu lassen. Die Mittagsruhe sinkt auf eine halbe Stunde, während der Schluß auf 4 Uhr festgesetzt wird[3]. Nach dem Jahresbericht für 1906 erhalten zehn Fabriken im Regierungsbezirk Potsdam die Erlaubnis, die Nachmittagspause zu beseitigen. Drei von ihnen hatten eine Arbeitszeit von $7^1/_2$ Stunden, eine von $8^1/_4$, drei von $8^1/_2$ und zwei von 9 Stunden[4]. In Berlin wurde 1902 in 460 Betrieben (etwa 10%) mit 9100 Arbeiterinnen (etwa 14%) bei höchstens neunstündiger Arbeitsdauer eine nur halbstündige Mittagspause eingehalten[5]. Parallele Zeugnisse, die das Aufkommen kürzerer Arbeitszeiten unter Verminderung der Pausen bestätigen, anderwärts[6].

Das Ideal eines kurzen Arbeitstages mit möglichst wenig Pausen ist in der sogenannten englischen Tischzeit verwirklicht[7]. Sie verlegt die Mittagsruhe an das Ende der Arbeitszeit und schaltet alle Pausen aus. Im allgemeinen läßt sich diese Einrichtung nur bei der körperlich nicht so anstrengenden Tätigkeit geistiger Arbeiter in den Bureaus der Verwaltungsbehörden und Fabriken, in Bank- und Handelshäusern durchführen. — Der Industriearbeiter kann auch bei kurzem Arbeits-

---

[1] Der Tarifvertrag im Deutschen Reich, 1906, II, S. 26.
[2] Reichsarbeitsblatt, 1907. S. 1125.
[3] Jahresbericht d. Kgl. Preuß. Regierungs- u. Gewerberäte, 1906, S. 52.
[4] Preußische Jahresberichte für 1906, S. 52.
[5] Die Arbeitszeit der Fabrikarbeiterinnen, 1905, S. 91
[6] Vgl. Preußische Jahresberichte für 1905, S. 40; 1906, S. 56, 98, 194, 337; 1907, S. 4. Badische Jahresberichte für 1905, S. 64. Bayrische Jahresberichte für 1907. S. 161 usw.
[7] Vgl. hierzu Stanticus, Deutsche und englische Arbeitszeit. „Gegenwart", Bd. 48, Nr. 35.

tag die Mittagsruhe nicht entbehren. Darauf weist die gegen Mittag anwachsende Unfallhäufigkeit eindringlich hin. Auch Kraepelin hält auf Grund seiner Versuchserfahrungen die Verlegung der Hauptmahlzeit in die Mitte des Tages für vorteilhafter als die Verschiebung derselben an das Ende der Arbeit[1]. Die Muskelleistung ist nach der Mahlzeit höher als am Vormittag[2]. Auf dem internationalen Kongreß für Arbeiterkrankheiten hat Pieracini gezeigt, daß die Produktionskurve bei Hand- und geistigen Arbeitern in der letzten Stunde vor Mittag und Abend beträchtlich abnehme[3]. Überhaupt vertragen nur kräftige Arbeiter — Frauen dagegen schon weniger leicht — die Beseitigung der anderen kleinen Pausen[4].

Die Dauer der Mittagsruhe ist von lokalen Einflüssen abhängig. In der Großstadt und auf dem Lande kommen andere Bedürfnisse zur Geltung als in der Mittel- und Kleinstadt[5]. In der Enquete von 1902 erklären $^4/_5$ der deutschen Aufsichtsbeamten eine allgemeine Verlängerung der Mittagspause von 1 auf 1$^1/_2$ Stunden für unnötig[6]. Eine halbe Stunde, wie sie in Amerika vielfach, bei uns vereinzelt vorkommt, dürfte das hygienische Minimum bilden, das in einzelnen Fällen schon überschritten wird[7]. Nur unter besonders günstigen Umständen kann die Mittagspause an das Ende der eigentlichen Arbeit gelegt werden. Zwei Spinnereien führen englische Arbeitszeit auf folgendem Wege ein. In der einen läuft der Betrieb für alle Erwachsenen ununterbrochen von 6$^1/_2$ bis 1 Uhr. Nach einstündiger Mittagspause findet die Reinigung statt; um 2$^3/_4$ Uhr verlassen die Arbeiter die Fabrik. Bei der anderen wird von 6 bis 2 mit halbstündiger Ruhe um 12 durchgearbeitet; auch hier ist alles um 2$^3/_4$ fertig. „In beiden Spinnereien sind Arbeiter und Arbeitgeber mit der Neueinrichtung durchaus zufrieden. Produktions- und Lohnausfälle sind bis jetzt nicht eingetreten. Auch ist von mißbräuchlicher Benutzung der gewährten freien Zeit nichts bemerkt worden[8]."

Im ganzen hat der Arbeiter tale quale natürlich keinen

---
[1] Kraepelin, Zur Hygiene der Arbeit, Neue Heidelberger Jahrbücher, 1896, S. 242. — Vgl. ferner G. Heilig, Fabrikarbeit und Nervenleiden. Berliner Dissertation 1908, S. 23.
[2] Psychologische Arbeiten, herausgeg. v. Kraepelin, III, S. 689.
[3] Soziale Praxis, 1906, S. 1054.
[4] J. Rae, S. 37. — Schuler, Schriften, S. 112.
[5] Es kommt auf die Entfernung der Wohnung von der Betriebsstätte an. Vgl. Arbeitszeit der Fabrikarbeiterinnen, S. 90, 302.
[6] Die Arbeitszeit der Fabrikarbeiterinnen, S. 302, 327.
[7] Morgener (Die englische Arbeitszeit „Konkordia", Zeitschrift der Zentralstelle für Volkswohlfahrt, 1908, S. 134) weist auf Fälle sinkender Leistung bei zu kurzer Mittagspause hin. — M. Rubner (Lehrb. d. Hygiene, 1907, S. 738) betont, daß die Ernährung der Arbeiter vielfach leidet, weil die Mittagspause zu kurz ist.
[8] Preußische Jahresberichte, 1904, S. 307.

Einfluß auf die Regelung der Pausen; im einzelnen kommt es aber sehr darauf an, ob er sich seine Zeit beim Beginn und während der Arbeit gut oder schlecht einteilt. Bei Verkürzung des Arbeitstages kommt oft ein neuer Geist der Pünktlichkeit zur Herrschaft. Eine frischere Atmosphäre von Arbeitsfreude zieht in die Werkstatt ein. Besonders die Akkordlöhner passen beim Beginn und während der Arbeit mehr auf, da sie wissen, daß ihnen keine Überstunden bleiben, um Versäumtes nachzuholen. Alle sind pünktlicher[1]. Eine Schiffsbaufirma findet etwa, daß die Arbeiter nach Herabsetzung der wöchentlichen Arbeitszeit von 53 auf 48 Stunden nicht soviel Zeit vergeuden und mehr als früher leisten. Bei dem alten System fingen 15—20% der Leute erst nach Verlust einer Viertelstunde wirklich an zu arbeiten[2].

Das Trödeln am Nachmittage hört auf, während vorher „die Natur ihr Recht gefordert hatte". Freese stellt eine Verringerung der Strafgelder wegen Verspätung fest. Bei langer Arbeitszeit ist der gesamte Produktionsprozeß, trotz der größeren Pausen, von einem gewissen laisser-aller durchsetzt. Von der Arbeitsintensität der Überstunden wurde schon früher gesprochen. — In gegebener Spanne Zeit nützt vielleicht allein der amerikanische Arbeiter, soweit es an ihm liegt, seinen Arbeitstag richtig aus, während der ebenbürtige deutsche Arbeiter infolge der verfehlten Akkord- und Prämienpolitik von oben sein Können bei weitem nicht auf das Höchstmaß steigert[3].

Fünftes Kapitel.
Die Betriebsorganisation als Voraussetzung höherer Arbeitsintensität.

Die durch die Arbeitsordnung gegebene allgemeine Verteilung von Ruhe und Tätigkeit stellt nur eine, gewissermaßen äußerliche und leicht zu fassende Seite des Einflusses dar, den die Betriebsorganisation auf die Arbeitsintensität übt. Dieser geht noch weiter, umfaßt wichtige Faktoren anderer Art. Die Betriebsorganisation ist nicht nur Arbeitsordnung im engeren Sinn, sondern auch die Form, die allen Vorgängen der Fabrik die Bahn vorzeichnet. Sie ist Rahmen des gesamten Produktionsprozesses, die zusammenfassende Einheit aller Betriebselemente, deren Ablauf sie regelt und ordnet.

---

[1] Vgl. J. Rae, S. 114—115. — Derselbe, Neue Fortschritte zur Achtstundenbewegung in England, Arch. f. soz. Gesetzgeb. u. Stat., 1898, S. 18/19. — H. v. Nostiz, Das Aufsteigen des Arbeiterstandes in England, S. 512. — Bayr. Jahresber., 1907, S. 195 usw.
[2] Soz. Praxis, 1898, S. 1371.
[3] Dieser wichtige Punkt gut hervorgehoben bei J. H. West, Verfehlte Akkordpolitik, Deutsche Industriezeitung, 1905, S. 162—163.

Welche Bedeutung hat die Wirtschaftsordnung in dieser Hinsicht für das Tempo des Arbeitsganges? — So schwierig die Aufgabe ist, so wenig sich genaueres darüber in abgekürzter Darstellung sagen läßt, wenigstens angedeutet müssen diese Zusammenhänge werden[1]. Es liegt im Wesen der Sache, daß der einzelne Arbeiter von sich aus diese Faktoren nicht beeinflußt. Sie stellen objektive Bedingungen dar, denen er sich unterordnet. Ein Beispiel soll zeigen, um was es sich etwa handelt.

Bessere Maschinen garantieren noch keine höhere Produktivität, wenn der sie benutzende Mann nicht regelmäßig mit Arbeit versehen wird. Das hängt nicht von ihm, sondern von komplementären Leistungen anderer Betriebsglieder, von der Übersicht und Fähigkeit des Werkmeisters oder -leiters ab. In schlecht organisierten Betrieben wird nur 50 % der Arbeitszeit auf die eigentliche Produktion verwendet; die andere Hälfte geht durch Vorbereitungen aller Art verloren. Man fragt bei dem Meister nach neuer Arbeit. Dieser überlegt. Die Zeichnung wird gesucht, je nachdem schnell oder langsam verstanden. Beim Einspannen des Arbeitsstückes fehlt es an Klammern und Bolzen, an Scheiben und Muttern, oder diese passen nicht. Gelegentlich wird nach einem Bolzen so lange gesucht, wie die Arbeit selbst dauert. In erstklassigen Anlagen kann davon natürlich keine Rede sein. „Tatsächlich geht es so in den allermeisten Werken zu", heißt es in einem in der „Machinery" erschienenen Aufsatz, der zu obiger Schilderung benutzt wurde[2].

Wie dem auch sei: solche Verhältnisse hellen die Beziehung von Arbeitstempo und Werkstattorganisation auf. — Als Mather die Arbeitswoche in seiner Maschinenbauanstalt von 53 auf 48 Stunden herabsetzte, ging an die Meister und Vorarbeiter der verschiedenen Abteilungen die Mahnung, Voraussicht und Wachsamkeit zu üben, das Material gut und richtig im voraus zu beschaffen und für kleine Erleichterungen in der Werkstatt zur Vermeidung von Zeitverlusten zu sorgen[3]. In den Nostizschen Eisenwerken verdienen die Arbeiter bei gleichen Akkordsätzen ebensoviel, ja mehr, wiewohl der zwölfstündige Arbeitstag durch eine Achtstundenschicht abgelöst ist. Von der Betriebsleitung werden freilich gewisse Einrichtungen getroffen, um den Arbeitern die Möglichkeit

---

[1] Die Literatur über Betriebsorganisation ist größtenteils zusammengestellt in dem Aufsatz von E. Pfuhl, Technisch-wirtschaftliche Betrachtungen, „Werkstattstechnik", 1907, S. 138. — Zeitschriften: Die Werkstattstechnik, herausgeg. v. G. Schlesinger, und deren internationale Zeitschriftenschau, I. Jahrg., 1907. — Ferner Aufsätze in der Z. d. V. d. I. u. d. „Gewerblich-technische Ratgeber".

[2] Nach dem „Gewerblich-technischen Ratgeber", 1907, S. 314.

[3] Verhandl., Ber., Mitt. des Zentralverb. deutscher Industr., Nr. 62, S. 78.

zu geben, eine höhere Intensität zu entfalten. Die gleichen Öfen und Walzwerke, Dampfmaschinen und Kessel müssen sich den vermehrten Ansprüchen gewachsen zeigen [1].

Die Betriebsorganisation wird je nach den technischen Zuständen mehr oder weniger in den Vordergrund treten [2] — im Maschinenbau spielt sie eine größere Rolle als in der Textilindustrie —, sie wird je nach der Eigenart der Betriebe eine wechselnde Gestalt annehmen. Die prinzipielle Schwierigkeit einer Erörterung liegt nicht nur darin, daß das geeignete Material weit verstreut liegt, teils noch nicht existiert. Vor allen Dingen ist die wirtschaftliche Organisation ein individuelles Gebilde, das sich, wie ein Kleid der Körperform, den betrieblichen und natürlichen Verhältnissen in ihrer Eigenart anzuschmiegen hat. Oft entspringt an diesem Punkt das Geheimnis des Erfolges. Nicht alle Industrielle sind gleich fähig zu intensiver Betriebsführung. Hier liegt ein Gebiet, auf dem die spezifische Tätigkeit des Unternehmers erscheint, auf dem der organisatorischen Intelligenz und Geschicklichkeit des Betriebsleiters ein weites Feld offensteht. Je nachdem die Glieder und Elemente des wirtschaftlichen Organismus richtig ineinandergreifen, verläuft der Produktionsprozeß glatt oder gehemmt. Die verschiedenen Abteilungen einer Maschinenfabrik — Modelltischlerei, Gießerei, Schmiede, Maschinenwerkstatt — müssen, aufeinander abgestimmt, sich gut in die Hand arbeiten. Innerhalb der Maschinenwerkstatt sind wieder je nachdem Dreherei, Hoblerei, Fräserei, Schleiferei als Unterabteilungen aufeinander angewiesen.

Die Meister, deren Tüchtigkeit den Ertrag nicht wenig beeinflußt, sorgen dafür, daß keine Abteilung auf die andere wartet, und daß das Material schon in Bereitschaft liegt. Die fähige Leitung weiß die Arbeit der richtigen Maschine zu übertragen, und wenn diese frei wird, rechtzeitig für passende Aufgaben zu sorgen. Bei schlecht organisierten Betrieben kommt die falsche Arbeit an die unpassende Maschine — etwa kleine Stücke auf große Bänke — oder an einen Mann, der nicht eingearbeitet ist.

Auch das Textilgewerbe kann, nach der Ansicht des Ge-

---

[1] Sozialpolitisches Zentralblatt, 1894, S. 92.
[2] In groben Umrissen kann die Größe des Verwaltungsapparates eine Vorstellung von der Bedeutung der Betriebsorganisation geben. Eine Umfrage Öchelhäusers (Technische Arbeit einst und jetzt, 1906, S. 28) bei einer Anzahl von Werken, die als Muster und Typen gelten, ergab folgendes Verhältnis von Arbeitern und Beamten:
Es kommt für
Stahl- u. Hüttenwerke auf etwa 30—26 Arbeiter ein Beamter
Spinnereien   „   „   18—15   „   „   „
Webereien   „   „   12—10   „   „   „
Schiffswerften   „   „   16— 8   „   „   „
Maschinenfabriken   „   „   12— 4   „   „   „

werbeinspektors für Potsdam, durch bessere Disposition des Zusammenarbeitens eine höhere Arbeitsintensität entfalten, indem das Warten eines Arbeiters auf den anderen oder auf Arbeitsmaterial, wie es zur Zeit noch häufig vorkommt, vermieden wird[1]. — Weber, welche abgewebt haben, müssen oft warten, weil die neue Kette nicht sogleich in den Stuhl gebracht wird. Besonders in der Holzindustrie und Töpferei erleiden die Akkordarbeiter häufig Verluste, weil sie auf Material warten müssen[2]. Von hier erklären sich gewisse Bestimmungen in den Tarifverträgen wie: „Es soll genügendes und brauchbares Material für die Former gestellt werden", oder bei Schlossern und Schmieden: „Die Akkordarbeit darf keine Unterbrechung durch fehlendes Material erleiden"[3]. Die markantesten Beispiele bilden jene Fälle, wo Akkordarbeiter aus solchen Motiven vor den Gewerbegerichten Entschädigungsansprüche durchsetzten. So ein Tischlergeselle, der bei Herstellung einer Garnitur längere Zeit stillliegen muß, weil der Drechsler nicht rechtzeitig die passenden Füße geliefert hat. So ein Akkordweber, der aus Mangel an Garn nicht weiter arbeiten kann[4].

Auch diesen organisatorischen Fragen haben zuerst die Amerikaner größere Aufmerksamkeit zugewendet. Ein einzelnes Beispiel aus der Werkstattpraxis genügt, um die allgemeine Tendenz aufzuzeigen. Viel Zeit geht verloren, wenn sich der Arbeiter seine Werkzeuge oder andere Dinge selbst holt. In Amerika sind hierzu Laufjungen da, die ein Klingelzeichen herbeiruft. „Die Gänge werden von den billigen Arbeitskräften gemacht, und für den Arbeiter fällt die Verlockung fort, von seiner Maschine zu gehen und sich mit seinen Genossen zu unterhalten[5]." Ebenso hat der Arbeiter nichts mehr mit dem Schleifen, Verfertigen, Zurichten der Werkzeuge zu tun, was Spezialisten besorgen. „Il en résulte une meilleure utilisation du temps, beaucoup d'ordre . . ." sagt ein französischer Ingenieur von diesen Einrichtungen[6]. Man geht auf der ganzen Linie zu einer schärferen Differenzierung der Funktionen über, vermehrt vor allem die „unproduktiven" Arbeiter, denen die gesamte Vorbereitung, Vermittlung und Beförderung der Arbeit zwischen den produktiven Arbeitskräften übergeben wird. Diese werden für ihre eigentliche

---

[1] Die Arbeitszeit der Fabrikarbeiterinnen, S. 152.
[2] L. Bernhard, Die Akkordarbeit in Deutschland, 1903, S. 104, 223.
[3] Der Tarifvertrag im Deutschen Reich, 1906, III, S. 151, 157. — Ähnliche Vereinbarungen bei Schuhmachern, ibid. S. 205, Maurern, S. 33, Stukkateuren, S. 72.
[4] Das Gewerbegericht, 1897, S. 98; 1906, S. 354.
[5] P. Möller, S. 8, 117.
[6] Levasseur, L'Ouvrier américain I, S. 236. — Über amerikanische Spezialisation vgl. ferner: J. H. West, Hie Deutschland, hie Amerika, 1908, S. 46. — Kassel, Amerikanisches Geschäftsleben, 1908, S. 23.

Aufgabe völlig frei, können sich ihr mit voller Kraft widmen. Auf dieser Basis ist das System Taylor aufgebaut, das die Leistung jedes Arbeiters um 100—300% steigern soll[1]. — Die führenden Werke Deutschlands haben sich in neuerer Zeit eine auf ähnlichen Grundsätzen beruhende Organisation geschaffen. Nach dem Vorgang der Amerikaner wurden besondere Betriebsbureaus eingerichtet, die Arbeitsverfahren und Arbeitsfolge eines jeden Werkstücks festzulegen haben.

Den Grundsatz „Spezialisierung der Funktionen" berücksichtigt eine gute Organisation schon bei der Einstellung der Arbeitskräfte. „The right man in the right place," ist die Devise eines intensiven Betriebs. Taylor, der Direktor des Bethlehem Steel-Works fordert individuelle Berücksichtigung jedes Arbeiters. Jeder soll, um das Höchstmögliche leisten zu können, eine Arbeit erhalten, für die seine Kräfte, Kenntnisse und Geschicklichkeit gerade noch ausreichen. Besonders, wo man sich gegenseitig in die Hände arbeitet, können unfähige oder gleichgültige Arbeiter ein Hemmnis für jede Beschleunigung der Produktion werden. Sie müssen, wie Schuler betont, entfernt werden, damit die guten Arbeiter nicht geschädigt werden[2]. West wirft den deutschen Werkzeugmaschinenfabrikanten vor, daß sie außer stande seien, die einzelnen Arbeiter entsprechend ihrer individuellen Anlage zu verwenden[3].

Auf Einzelheiten der Betriebsorganisation brauchen wir nicht einzugehen. Nur kurz sei noch auf ein paar Momente hingewiesen, die das Arbeitstempo beeinflussen können. Es versteht sich von selbst, daß eine gut organisierte Werkstatt mit allen notwendigen Betriebsmitteln versehen ist und rechtzeitig für deren Ersatz sorgt[4]. Von der Art und Weise, wie

---

[1] Das System Taylor benutzt ferner sorgfältige Kontroll- und Zettelsysteme, die genaue Selbstkostenberechnung gestatten, Dinge, die uns hier nichts mehr angehen.
Literatur: O. Eichberg, Über eine Art amerikanischer Werkstattorganisation (System Taylor), Werkstattstechnik, 1907, S. 461. — J. H. West, Moderne Gesichtspunkte f. d. Verbesserung d. Org. u. d. Arbeitsmeth. in Fabrikbetrieben, Z. d. V. d. I., 1906, S. 141. — Gewerblich-technischer Ratgeber, 1907, S. 316. — H. K. Hashaway, The value of „nonproducers" in manufacturing plants. Machinery. Nov. 1906, S. 133 f.
[2] Schuler, Schriften, S. 108.
[3] J. H. West, Zur Lage der deutschen Werkzeugmaschinenfabriken, Deutsche Technische Rundschau, 1905, S. 355.
[4] Auf dem Wege der Tarifverträge — auch einer ihrer Vorzüge — beeinflussen die Arbeiter gelegentlich die technischen Zustände und die Arbeitsmethoden. So heißt es für die Nadler z. B.: „Werkzeuge und Maschinen sind in brauchbarem Zustand zu liefern und zu erhalten" (Der Tarifvertrag im Deutschen Reich, 1906, III, S. 153). Es finden sich ferner Bestimmungen wie: Der Unternehmer verpflichtet sich, „für die Arbeiter kleine Zwingen vorrätig zu halten", oder: „Die Akkordsätze gelten unter der Bedingung, daß der Unternehmer, im oberen Arbeitssaal aufstellen läßt: zwei große Schraubböcke usw., im unteren

Werkzeuge und Materialien ausgegeben und befördert werden, wurde schon gesprochen. Die moderne Werkstattpraxis verlangt ferner, daß die Maße in der Zeichnung so angegeben werden, daß der Arbeiter seine Zeit nicht durch Suchen oder Umrechnen zu verlieren braucht[1]. Die praktische Zeichnung mit sorgfältiger Angabe der Maße spart zeitraubende Rückfragen und verhindert Fehler bei der Bearbeitung. „Drawing must be foolproof," heißt es in Amerika; das will besagen: Auch der Dummkopf hat die Zeichnung zu begreifen.

Die Werkstattdisziplin ist ein unmittelbarer Ausdruck für den Geist, der die Betriebsorganisation beherrscht. Sie spiegelt deren Gesamttenor wie in einem Brennpunkt wieder. Rauchen, Trinken und Sprechen läßt sich bei kurzer Arbeitszeit leichter unterdrücken, als bei langer. Durchaus charakteristisch ist die Stimmung der amerikanischen Werkstatt. „La vie des ateliers américains est toute différente de celle de la plupart des ateliers français. On ne parle pas, on ne chante pas, le silence le plus rigoureux règne, on entre et on sort à la cloche ... l'artisan américain est dans son élément; le bruit des rires et des conversations le dérangerait." So sprechen französische Metallarbeiter, die zur Ausstellung von Chicago abgeordnet waren[2].

Zur Wirtschaftsorganisation im weiteren Sinn gehören auch die lokalen Voraussetzungen der Produktion. Hygienische Zustände, Licht und Luft bedingen mehr oder minder die Arbeitsintensität und deren Beschleunigung. Gute Beleuchtungsverhältnisse begünstigen schnelleres Arbeiten, besonders bei der Durchführung schwieriger Aufgaben. Auch dieser Punkt wird gelegentlich in Tarifverträgen berücksichtigt[3]. In welchem Maße er den Ertrag beeinflußen kann, zeigt eine Seidenweberei, die in einem mangelhaft erleuchteten Hochbau ein um 16% geringeres Ergebnis zu verzeichnen hatte, als in einem neuen, hellen Shedbau, der mit den gleichen Webstühlen ausgerüstet war[4].

Ein guter Arbeitsraum regt suggestiv zur Arbeit an. „Es gibt Fabriken von einer Helligkeit durchflutet, die den

---

Saal einen Schraubbock usw." In der Textilindustrie kommt z. B. die Forderung vor „keine geleimten Ketten zur Verarbeitung zu geben bzw. bei geleimten Ketten die Akkordsätze zu erhöhen" (L. Bernhard, Die Akkordarbeit in Deutschland, S. 146).

[1] Ruppert, Aufgaben und Fortschritte des deutschen Werkzeugmaschinenbaues, Z. d. V. d. I., 1906, S. 574.

[2] Levasseur, S. 233. — Vgl. ferner Shadwell, S. 340.

[3] In einem Tarifvertrag der Former und Gießereiarbeiter findet sich etwa folgender Passus: „Die Arbeitsplätze sollen vom Unternehmer genügend beleuchtet werden" (Der Tarifvertrag im Deutschen Reich, III, S. 151.

[4] Schuler, Schriften, S. 110. — Vgl. über diesen Punkt noch: Shadwell, S. 293; P. Möller, S. 81.

Willen elektrisiert, von einer Bauart, so energisch, so übersichtlich, daß Unordnung und Faulheit dort keine Statt haben können"[1]. Solche Werkstätten sind und bleiben vorläufig Ausnahmen wie z. B. die Einrichtungen der bekannten Cash-Register-Company in Dayton (Ohio).

Da die Analyse der Faktoren höherer Arbeitsintensität mit diesem Punkt die wesentlichen Momente erschöpft hat, können wir zusammenfassen und Folgerungen ziehen. Um die Grenzen, die diesem Teil durch seine analytische Aufgabe gesetzt waren, nicht zu überschreiten, beginnen wir einen neuen Abschnitt.

---

[1] „Arbeitsfreude", Das Werkblatt, Dezember 1907.

Dritter Teil.

Die Eigenart der technisch-organisatorischen Faktoren und die Schranken einer Verdichtung der Produktionsprozesse.

Aus den vorangehenden Darlegungen erhellt, daß das Tempo der Produktion von mannigfaltigen Faktoren verschiedener Herkunft beeinflußt wird. Imponderabilien, deren genaue Wirkung im einzelnen nicht festzulegen ist, spielen herein. Im ganzen stellt die Intensität der Arbeit eine komplexe Größe dar, die sich aus personalen und technisch-sachlichen Elementen konstituiert. Der persönliche Faktor kommt zur Geltung in den durch die Natur des technischen Vorgangs gegebenen toten Zeiten, die je nachdem durch unwillkürliche, von der Produktionszeit abbröckelnde Sonderpausen erweitert werden. — Die objektiv-sachlichen Prämissen höherer Arbeitsintensität sind durch technisch-organisatorische Tatsachen gegeben. Als derartige Momente wären im einzelnen etwa zu nennen: die Methode und das technische Niveau der Produktionsprozesse, die Betriebsorganisation als ihre übergreifende und regelnde Einheit, der arbeitsteilige Zuschnitt der einzelnen technischen Funktion, die individuelle Beschaffenheit der Roh- und Hilfsstoffe, der Werkzeuge, Maschinen und Transporteinrichtungen.

Die Steigerung der Leistung bei kürzerer Arbeitszeit wird von technisch-organisatorischen, d. h. unpersönlichen Voraussetzungen getragen. Dem entsprechen die zu Beginn dieser Arbeit angeführten Erfahrungen, die auf die Möglichkeit höherer Arbeitsintensität bei verkürzter Arbeitszeit hinwiesen. Im großen ganzen waren nur Großbetriebe mit entwickelter Organisation und vorgeschrittenen Produktionsmethoden zu nennen. Anderseits ist die Intensivierung und Verdichtung des Produktionsprozesses unmittelbar dem persönlichen Arbeitsfaktor zuzurechnen. Unerklärlich wäre sonst die Tatsache, daß zahlreiche Werke auf der gleichen Produktionsbasis, d. h. mit denselben Maschinen, Betriebskräften, Rohstoffen, Gebäuden und unter gleicher Organisation eine höhere Leistung entfalten konnten. Es sei nur an die von Abbe, Freese, Fromont und Mather beigebrachten Zeugnisse erinnert. Der Erfolg steht hier, wie bei Textilfabriken fest, deren Rohstoffe, Maschinen und Garnnummern gleichbleiben.

Wundt bezeichnet als Ursache eines Erfolges diejenige seiner Bedingungen, die über Größe und Beschaffenheit der Wirkung Rechenschaft gibt. In diesem Sinne weist auch das vielfach beobachtete, allmähliche Steigen der Leistung auf das frühere Niveau, während sie anfangs zurückbleibt, deutlich auf die kausale Rolle des persönlichen Faktors hin. — Auf der einen Seite steht die menschliche Arbeit als Träger höherer Arbeitsintensität bei kürzerer Arbeitszeit, auf der anderen die technisch-organisatorischen Faktoren als eine Bedingung ihrer Möglichkeit. Dies sind die Daten, um den Anteil von Technik und Arbeit festzulegen. Das Resultat einer begrifflichen Trennung kann nur folgendermaßen lauten. Jede Erklärung für Gleichbleiben oder Vermehrung des Ertrages bei kürzerer Arbeitsdauer hat auf den personalen Faktor der Produktion als **unmittelbare** Ursache zurückzugehen.

Der Technik muß gegeben werden, was der Technik ist. Sie stellt eine allgemeine Bedingung dar, die das Inkrafttreten und die Wirksamkeit des persönlichen Faktors ermöglicht. Obwohl integrierender Bestandteil der Ereignisse, erscheint sie in dem eben entwickelten Sinn innerhalb der Zusammenhänge von Arbeitszeit und Arbeitsintensität als ein **konditionaler**, nicht als kausaler Faktor. Logisch, wie in der Natur der Dinge, ist sie so das Prius einer Mehrleistung; wohlgemerkt: das Prius, aber nicht deren unmittelbarer Träger. Diese begriffliche Klärung tritt in keiner Weise der fundamentalen Bedeutung der technisch-organisatorischen Faktoren zu nahe. Im Gegenteil.

Sobald ein gewisses technisch-organisatorisches Niveau von vornherein zugrunde liegt, kann die durch eine Mehrleistung sich anzeigende höhere Intensität der Arbeit rein als funktionelle Abhängige verkürzter Arbeitszeit hervortreten. Das ist der Fall bei jenen hochentwickelten Betrieben, wo die Produktion trotz Verminderung des Arbeitstages nicht sinkt, ja steigt, während alles übrige unverändert bleibt. In manchen Fällen, etwa bei gesetzlichem Zwang, geht dagegen die kürzere Arbeitszeit voran. Hier können ihre günstigen Wirkungen bezüglich der Leistung erst hervortreten, wenn die technisch-organisatorischen Bedingungen post festum erfüllt werden.

Verbesserung der Arbeitsbedingungen befördert so den wirtschaftlichen Fortschritt, eine Tatsache, die auch Unternehmer zuweilen anerkennen[1]. Nordamerika bildet das groß-

---

[1] So der österreichische Großindustrielle Wittgenstein (Z. d V. d.

artigste Beispiel. Kapitalschwache, Klein- und Zwergbetriebe können diese Veränderung nur schwer mitmachen. Eine Verkürzung der Arbeitszeit unter das hygienische Maximum würde ihnen nach und nach die Existenzbasis abgraben. Der Erörterung dieser Verhältnisse und Zustände sind die nun folgenden Darlegungen gewidmet.

Im großen ganzen stellt das Handwerk am besten den charakteristischen Typus einer Technik und Arbeitsweise dar, bei der eine Verdichtung der Produktionsakte auf eine kürzere Spanne Zeit sehr beschränkt ist. Beispiele folgen hernach. Der Gegenstand wäre an sich bedeutsam genug, um eine genauere Betrachtung zu verdienen. Dazu fällt von diesem Gegenbild noch einmal ein helles Licht auf gewisse, der industriellen Produktion eigene Züge, die die Grundlage höherer Arbeitsintensität bilden[1].

Der Handwerker nimmt an seinem Material Veränderungen aller Art vor, als da sind: Schlagen, Hauen, Stoßen, Strecken, Quetschen, Stanzen, Hämmern, Sägen, Bohren, Drehen, Hobeln, Stemmen, Pressen, Schleifen. Er benutzt zur Bearbeitung seiner Rohstoffe einfache Werkzeuge, wie: Hammer, Säge, Axt, Bohrer, Zange, Meißel, Stemmeisen. Wenn der Handwerker Kapital und Kenntnisse besitzt, kommen hierzu einfache Handwerksmaschinen, wie Drehbank oder Sickenmaschine, ein Fall der zunächst ausgeschieden werden soll. Das Handwerk ist trotz einzelner maschineller Einrichtungen der wichtigste, freilich nicht der einzige Vertreter der Handarbeit. Die Eigenart des Handwerks besteht darin, daß der Arbeiter zugleich Motor und Direktor der Bewegung ist. Er vereinigt physische und intellektuelle Tätigkeit, im Gegensatz zum Industriearbeiter, dem die Kraftmaschine den motorisch-physischen Antrieb abnimmt. Dieser kann offenbar sein Tempo mit

---

I., 1899, S. 137). — Schon Babbage konstatiert 1832, daß die Erfindung und Einführung neuer Methoden für das Schmieden und Schweißen von Gewehrläufen direkt durch die Forderung besserer Arbeitsbedingungen verursacht wurde (S. u. B. Webb, Theorie und Praxis der englischen Gewerkvereine, 1898, II, S. 245—254). Hohe Löhne mögen den industriellen Fortschritt noch mehr anspornen als kurze Arbeitszeiten. In der englischen Baumwollindustrie haben sich erst an Lohnerhöhungen viele technische Fortschritte geknüpft (Schulze-Gävernitz, Zum sozialen Frieden, 1890, II, S. 274). — Vgl. ferner Brassey, Work and Wages, 1872, Chap. V, besonders S 136 f. — Brentano, S. 36. — Schönhoff, S. 276.

[1] Benutzte Literatur: G. Müller, Handwerkszeug und Handwerksmaschine. Ein wirtschaftswissenschaftlicher Vergleich, 1906. — E. Herrmann, Technische Fragen und Probleme der Volkswirtschaft, 1891; derselbe: Prinzipien der Wirtschaft, 1873. — G. Zöpfl, Nationalökonomie der technischen Betriebskraft, 1903. — Das im folgenden entworfene Bild des Handwerkers kann nur eine methodisch vereinfachende Konstruktion darstellen, die das Wesentliche schärfer hervortreten läßt. Die Wirklichkeit muß Abweichungen und Übergänge aufweisen, die nicht berührt werden können, zumal da sie die Ergebnisse keineswegs verändern würden.

weniger Kraftaufwand beschleunigen, als jener. Allein die manuell-körperliche Anstrengung ist bei vielen Handarbeiten schon recht beträchtlich. Beim Feilen beginnt je nach Gewohnheit und Kraft die Arbeitsintensität in der dritten bis vierten Stunde abzunehmen und sinkt mindestens auf drei Viertel der anfänglichen Leistungsfähigkeit [1]. Bei einem Zimmermann in London nahm man seinerzeit nur eine achtjährige Dauer der Vollkraft an [2]. Als Gegenbild braucht man nur an den mit höchster Intensität tätigen amerikanischen Arbeiter zu erinnern, dem eine besondere Gabe, sich die Arbeit zu erleichtern, eignet: „He is encouraged to use his brain and to save his muscle for his old age . . . Economy of muscular effort is the keynote of American industry [3]".

Die physische Anstrenguug würde an sich eine Intensivierung noch nicht ausschließen. Erst durch das Zusammentreffen mit anderen Momenten wird auch dieser Umstand bedeutsam. Der Handwerker liefert ja nicht nur den mechanischen Antrieb, er hat auch zu gleicher Zeit auf die Präzision zu achten. Er selbst, nicht das Werkzeug ist Träger der Arbeit. Er gibt nicht einer außerhalb seiner ablaufenden Kette von Vorgängen durch seine Eingriffe die geistige Direktive, sondern der Formgebungsprozeß passiert unmittelbar sein Muskel- und Nervensystem. Im eigentlichen Sinne des Wortes hat er die Qualität der Arbeit in der Hand. Die eindringende Analyse G. Müllers zeigt, daß in dieser Hinsicht feine Verschiedenheiten bestehen, je nachdem die Funktion des Handwerkers trennenden, verbindenden, transformierenden Charakter hat [4]. Darauf kann natürlich nicht eingegangen werden. Die aller Handarbeit gemeinsamen Züge faßt Emanuel Herrmann folgendermaßen zusammen:

„Der Handarbeiter begleitet seine technische Funktion . . . stets mit einem zweiten willkürlichen und ununterbrochenen Denk- und Handelsprozeß, der technischen Aktion: er erwägt dabei die Raum- und Zeitverhältnisse, mißt die Distanzen, beobachtet alle Zwischenfälle, korrigiert gewisse Differenzen in den Raum- und Zeitmaßen, er beschleunigt oder verlangsamt je nach seinen technischen Endabsichten die Akte, er mäßigt oder verstärkt die Kraft, er behandelt die Roh- und Hilfsstoffe, er formt und wirkt, er versucht und reguliert" [5].

Hände, Augen, Beine — der ganze Körper haben daran mehr oder minder wesentlichen Anteil. Ein solches Zusammentreffen körperlicher und intellektueller Tätigkeit ist unverhältnismäßig ermüdend, würde bei intensiver Durchführung

---

[1] G. Müller, S. 54.
[2] A. Smith, Wealth of Nations, Ed. Routledge, 1893, S. 63.
[3] W. R. Lawson, American Industrial Problems, 1903, S. 82—84, 92.
[4] G. Müller, S. 122 f.
[5] E. Herrmann, Technische Fragen und Probleme, S. 63.

das Nervensystem schädigen[1]. Das Handwerk ist schon durch die besondere Verwebung qualifizierter und physisch-mechanischer Leistungen an einer wesentlichen Steigerung seiner Intensität gehindert. Tritt die Qualität des Werks als wesentlicher Zweck der Arbeit in den Vordergrund — am entschiedensten im Kunstgewerbe — so wird eine angemessen kurze Arbeitszeit geradezu Postulat des Erfolges.

Schon der einzelne technische Akt widersteht an sich, wie wir fanden, einer Verdichtung auf eine kürzere Spanne Zeit. Die Aneinanderreihung dieser Akte im eigentlichen Arbeitsprozeß bringt ein neues, noch wichtigeres Moment an die Frage heran. Der Handwerker wechselt stetig mit seinen Werkzeugen, je nachdem sich das Arbeitsstück in einem früheren oder späteren Stadium der Formgebung befindet. Er behandelt jedes Stück für sich. Der Büchsenmacher alten Stils, der die 50 Teile eines Magazingewehres einzeln anfertigt und dann zusammenpaßt, ist ein typischer Vertreter dieser Produktionsmethode. Damit wird das Handwerk durch eine in seinem Wesen liegende Bestimmung getroffen, die für eine Beschleunigung des Arbeitstempos maßgebend ist.

Der Handwerker geht gewissermaßen nach allen Dimensionen langsam um eine Kugelform herum, während der arbeitsteilige Spezialist sich schnell an einer geraden Linie entlang bewegt. Die Muskelbewegungen des Handwerkers verlaufen nicht einförmig, rhythmisch-gleichmäßig genug, um die Verdichtung der Produktionsakte der Mehranstrengung gegenüber lohnend zu machen. Im Gegenteil. — Der Wechsel der je nach dem individuellen Zweck koordinierten Bewegungen kann solcher Tätigkeit unter Umständen eine Art künstlerischen Reiz verschaffen, der damit erkauft wird, daß eine Beschleunigung nur auf Kosten der persönlichen Spannkraft und sachlichen Qualität vor sich gehen könnte.

Die Fabrik arbeitet ihrem Wesen nach auf Vorrat; das Handwerk im alten Sinn ist auf Kundenproduktion und Bestellung angewiesen. Der Großbetrieb erzeugt Massenartikel, der typische Kleinmeister leistet individuelle Arbeit, muß sich den Aufträgen von Fall zu Fall anpassen. Die Schwierigkeit, den Produktionsprozeß bei kürzerer Arbeitszeit zu verdichten, liegt so implicite im Wesen des handwerklichen Kleinbetriebs[2].

---

[1] Körperliche Anstrengung im Verein mit geistiger wirkt besonders ermüdend und schädigend. Vgl. zu diesem Punkt A. Mosso, Die Ermüdung, deutsch, 1892, S. 150, 280. — P. Schönhals, Über die Ursachen der Neurasthenie und Hysterie bei Arbeitern, Berliner Diss., 1906, S. 24—25. — S. Bettmann, Psychische Arbt., herausgeg. v. Kraepelin, I, S. 193, 208.

[2] Der scharfe Beobachter Adam Smith bringt diesen Zug gut heraus. „Es ist unmöglich, sehr schnell von einer Art Arbeit zur andern überzugehen, wenn sie an einer andern Stelle und mit ganz andern

Um den ganzen Unterschied hervortreten zu lassen, halte man gegen diese Produktionsmethode die Tätigkeit des Maschinenarbeiters, der mit Hilfe von Schablonen und Lehren nach Normalien und Standards arbeitet. Wenn ein Handwerker einmal bei sogenannter Dutzendware mehrere Exemplare zugleich herstellen kann, so stellt sich dies schon oft um die Hälfte billiger als Einzelstückarbeit [1]. Im großen ganzen wechselt die Arbeit innerhalb und außerhalb der Werkstatt beständig, weil der Kleinmeister seine Tätigkeit nach Zeit, Ort, Güte und Dauer den Wünschen des Kunden unterordnen muß. Ganz deutlich zeigt sich dies auf dem wichtigsten Gebiet, das dem Handwerk verblieben ist, den Reparatur- und Anbringungsgewerben.

Diese Verhältnisse ändern sich nicht wesentlich, wenn einfache Handwerksmaschinen angewendet werden. Die physische Leistungsfähigkeit bleibt begrenzt, da der Handwerker meist nicht Motorkraft, sondern Hand- oder Fußbetrieb benutzt. Erst die Kraftmaschine macht wirklich Muskelenergie frei, während die einfache Handwerksmaschine erst eine Ersparnis an Nervenkraft bedeutet. Der Handstuhl stellt etwa eine solche Maschine dar, als deren Motor der Mensch fungiert [2].

Bei Minderung der Arbeitszeit ist der Verlust am Handstuhl meist ein voller. In der Schweizer Stickereiindustrie

---

Werkzeugen ausgeführt wird. . . . In der Regel schlendert man ein wenig, wenn man seine Hand von einer Art Beschäftigung auf eine andere wendet. Wenn man zuerst an die neue Arbeit geht, ist man selten recht rührig und herzhaft. Der Geist ist, wie man zu sagen pflegt, noch nicht bei der Sache, und eine Zeitlang trödelt man mehr, als daß man die Zeit zu Rat hält (A. Smith, a. a. O., S. 7). Vgl. auch G. Müller, a. a. O., S. 154.

[1] E. Herrmann, Prinzipien der Wirtschaft, S. 269. — Dementsprechend wird auch in der Industrie die Anzahl der Arbeitsstücke berücksichtigt und Einzelstückarbeit höher bezahlt (L. Bernhard, Die Akkordarbeit usw., S. 146).

[2] Folgende Schilderung zeigt deutlich, wie große körperliche Anforderungen die Bedienung des Handstuhls mit sich brachte. „Die Arbeit auf dem Handstuhl war mit sehr großen körperlichen Beschwerden und Anstrengungen verbunden. Der Handweber saß eigentlich kaum an seinem Webstuhl, sondern er lag mehr vor dem Baum, er arbeitete sozusagen hängend mit Händen und Füßen zugleich. Diese Art der Arbeit griff seinen Körper so sehr an, daß einzelne Teile desselben bei langandauernder Arbeit wund wurden; empfindliche Schmerzen an den Knöcheln und Spitzen der Finger infolge des Werfens und Auffangens der Schützen, sowie des Zurückschiebens der Lade, waren die Folgen der Arbeit des Handwebers; an der Geschwulst auf den Fingerknöcheln war der Handweber zu erkennen. Eine solche Arbeitsleistung war schwer, insbesondere bei der Samtweberei und stellte hohe Anforderungen an die körperliche Leistungsfähigkeit der Arbeiter, wenn auch die Muskelkraft dabei nicht so sehr in Anspruch genommen wurde, wie bei manchen anderen Gewerben." (H. Brauns, Der Übergang von der Handweberei zum Fabrikbetrieb in der Niederrheinischen Samt- und Seidenindustrie, Forschungen, herausgeg. v. Schmoller u. Sering, 1906, S. 184.)

ist es bei Handbetrieb nicht möglich, in 11 Stunden die gleiche Leistung wie in 12 zu erzielen, obgleich die Intensität ein wenig steigt. So stellt ein Betrieb fest, daß sechs Arbeiter statt 2648 nur 2629 Stiche machen. Dagegen hat eine größere Stickerei mit Motorbetrieb unter den gleichen Bedingungen eine Mehrleistung von 7,7 % zu verzeichnen [1]. —
Die Rückständigkeit der Kleinmeister geht freilich so weit, daß durchaus rentable Handwerksmaschinen aus Unkenntnis, Eigensinn oder Geldmangel nicht angeschafft werden [2]. Zu alledem kommt noch der alte Schlendrian des Handwerks. Es wird gebummelt und geht gemütlicher her als in der großen Industrie. Adam Smith sucht nachzuweisen, daß der Handwerker, der seine Verrichtungen und Werkzeuge alle halben Stunden wechselt, und seine Hände jeden Tag auf zwanzigerlei Art braucht, notwendigerweise der Gewohnheit des Schlenderns, des gleichgültigen, lässigen Arbeitens anheimfallen muß. Wie dem auch sei: durch größere Regelmäßigkeit, Pünktlichkeit, Zuverlässigkeit ließe sich vielleicht doch etwas erreichen. Der eigentliche Grund dafür, daß keine höhere Arbeitsintensität eintreten kann, liegt freilich, wie zu zeigen versucht wurde, in den technischen Zuständen. Dies muß Sombart gegenüber gesagt werden, wenn er glaubt, daß der Handwerker keinen prinzipiellen Hinderungsgrund hat, seine Leistung wie ein Lohnarbeiter zu intensivieren [3].

Während veraltete Handwerksmethoden einer Verdichtung der Produktionsakte auf eine kürzere Zeitperiode widerstehen, läßt sich diese Beschränkung keineswegs auf jede Handtätigkeit schlechthin ausdehnen. Es gibt Fälle spezifischer Handarbeit, wie die anstrengende Tätigkeit der Häuer im Bergbau, deren Arbeit mehr auf Kraft und Ausdauer als auf Berufsgeschicklichkeit und Spezialkönnen beruht. Die Häuer von Northumberland haben z. B. einen sprichwörtlich schnellen Schlag. Eigentliche Abbaumaschinen sind ja noch ziemlich sporadisch. Das Arbeitsprodukt weist keine vom Arbeiter abhängigen Qualitätsdifferenzen auf. Jeder eventuelle Zuwachs an Energie und Spannkraft kann sofort in mehr Leistung

---

[1] Schuler, Schriften, S. 99—100; ders.: Arch. f. soz. Gesetzgeb. u. Stat., Bd. IV, S. 92 f.
[2] Dem Kleinbinder fehlt so die Bindemaschine, dem Glaser die Rundschneidemaschine, dem Schlosser Blechschere und Lochstanze. Viele Schuhmacher sind ohne Nähmaschine, zahlreiche Bäcker ohne Teigteilmaschine (G. Müller, S. 161). Ferner gibt es Meister, die eine Handwerksmaschine unbenutzt stehen lassen, weil sie starrköpfig an dem alten Verfahren hängen. — Im großen und ganzen müssen, wie Zöpfl, Nationalök. d. techn. Betriebskraft, S. 193, hervorhebt, die Arbeitsmaschinen des Großbetriebs dem Handwerk fehlen, so lange es Handwerk bleiben und nicht die Massenartikel der Arbeitsmaschinen, sondern individuelle Arbeitsleistungen liefern will.
[3] W. Sombart, Der moderne Kapitalismus, 1902, II, S. 509—510.

investiert werden. Dieser Erfolg wird bei kürzerer Arbeitszeit eintreten, wenn der Kräftegewinn durch längere Ruhezeit größer ist, als der Kräfteverlust durch Beschleunigung des Arbeitstempos. Das aber ist möglich bei einer Tätigkeit, die infolge einer erzwungenen Haltung besonders anstrengt und im großen ganzen mehr rhythmisch gleichförmig verläuft, als eine Sonderbehandlung von Fall zu Fall erforderlich macht.

Die rein manuellen Operationen eines Zigarrenarbeiters sind ein weiteres Beispiel für eine Verrichtung, die fast automatisch gleichmäßig abrollt[1]. In diesem Punkte treffen sonst so verschiedene Formen der Handarbeit, wie Zigarrenfabrikation und Bergbau zusammen. Bei beiden ermöglicht Minderung der Arbeitszeit Gleichbleiben, ja Steigerung der Produktion. Um die Darstellung nicht allzu sehr zu beschweren, können die Belege und Zeugnisse hierfür nur unter dem Text angedeutet werden[2].

Der durchschnittliche Kleinbetrieb mit stabiler, veralteter

---

[1] Die Arbeit besteht in der Herstellung der sogenannten Wickel aus Einlage und Umblatt, sowie Decken des Wickels mit dem Deckblatt. Sie verläuft so rhythmisch, daß sie unter Arbeitsgesängen vor sich gehen kann. Für fabrikmäßigen Betrieb ein ganz exzeptioneller Fall (vgl. Bücher, Arbeit und Rhythmus, 1902, S. 232—233).

[2] Günstige Erfolge kürzerer Arbeitszeit in Zigarrenfabriken: S. Webb and H. Cox, The Eight-Hours-Day, 1891, S. 104. — J. Rae, Eight Hours for Work, S. 30, 43. — B. Rost, Der achtstündige Normalarbeitstag, S. 96. — Pringsheim, Arch f. soz. Gesetzgeb. u. Stat., VI, S. 14. — Die Arbeitszeit der Fabrikarbeiterinnen, 1906, S. 144, 160, 236, 263. — Preuß. Jahresberichte, 1903, S. 295. — Badische Jahresberichte, 1902, S. 29 usw. —

Steigende Leistung bei kürzerer Arbeitsschicht in Bergwerken: J. Rae, S. 49, 54. — Ders.: Neue Fortschritte der Achtstundenbewegung in England, Arch. f. soz. Gesetzgeb. u. Stat., 1898, S. 10. — Brassey, Work and Wages, 1872, S. 144. — J. St. Jeans, Labour in relation to wages, hours of work and efficiency, Journ. of the Royal Stat. Soc., vol. 55, 1892, p. 629, 653. — Erhöhung der Produktion durch Verkürzung der Arbeitszeit in den „Segen-Gottesgruben" bei Rossitz in Mähren, Jahresbericht der Brünner Handelskammer für das Jahr 1896, angeführt: Neue Zeit, 1897, S. 97. — Brentano, Über das Verhältnis von Arbeitszeit und Lohn zur Arbeitsleistung, S. 8, 9. — L. Sinzheimer, Über die Wirkung des Neunstundentages bei 17 Kohlengruben des Ostrauer Reviers, Soz. Praxis, 1906, Nr. 20. — K. Oldenberg, Studien über die rheinisch-westfälische Bergarbeiterbewegung. Jahrb. f. Gesetzgeb. u. Verw., XIV, S. 656. — C. A. Schmidt, Beiträge zur Geschichte der gewerblichen Arbeit in England, 1896, S. 37.

Die Verhältnisse beim Bergbau sind sehr schwierig zu beurteilen, da die natürlichen Flözverhältnisse die Ausbringung, unabhängig von der Arbeitsschicht, teils günstig, teils abschwächend beeinflussen und so die persönliche Leistung verschleiern. Dies wird hervorgehoben: Reichsarbeitsblatt, 1907, S. 232 (Die Entwicklung der Arbeitslöhne und Arbeitsleistungen im preußischen Steinkohlenbergbau in den letzten 20 Jahren). Vgl. ferner L. Bernhard, Die Akkordarbeit in Deutschland, S. 170. — Herbig, Das Verhältnis des Lohns zur Leistung unter besonderer Berücksichtigung des Bergbaus, Jahrb. f. Gesetzgeb. u. Verw., 1908, S. 633—634, 643—644.

Technik hat dagegen die gleiche Existenzbasis, wie Handspinner und -weber: lange Arbeitszeiten und niedrige Löhne. Bei allen Handstühlen entspricht der Produktionsverlust vielfach genau dem Ausfall an Arbeitszeit, eine Tatsache, die auch durch die Erfahrungen der irischen Flachsspinnerei bestätigt wurde[1]. Die alten Tuchmachermeister waren aus diesem Grunde so einsichtsvoll, für die Zeit von Michaelis bis Weihnachten zwei Pfennig mehr Stücklohn zu geben. In diesen Monaten sank nämlich die Arbeitszeit auf sieben Stunden, da das Weben bei Kerzenlicht verboten war[2]. Die gesetzliche Normierung eines kürzeren Arbeitstages, die den größeren Unternehmungen mindestens nicht schadet, würde den kleinen an einem gewissen Punkt den Lebensfaden abschneiden. „Die praktische Wirkung der Neunstundenbewegung war der Ruin der kleinen Unternehmer." — Diesen Eindruck hat ein Fabrikant bei einem Rückblick auf die 26 jährige Wiederkehr des neunstündigen Normalarbeitstages im englischen Maschinenbau[3]. In der Schweiz leisten die kleinen Werkstätten schon hartnäckigen Widerstand, als sie sich einem Maximalarbeitstag von 11 Stunden unterwerfen sollen.

Kleine Betriebe arbeiten länger als größere: das ist eine häufig festzustellende Regel, die der Gewerbeinspektor von Erfurt in die Worte kleidet: „Je kleiner der Betrieb, desto länger die Arbeitszeit"[4]. Durchgehend wird diese Tatsache z. B. in den Werkstätten der wiener Spenglerei bestätigt[5]. In Prag haben 1893 von 136 beobachteten Kleinbetrieben nicht weniger als 65, d. h. rund die Hälfte, regelmäßig eine die normale elfstündige überschreitende Arbeitszeit, eine geringere nur 27[6].

„Kein Industriezweig", sagt Marx, „hat eine so altertümliche, ja wie man aus den Dichtern der römischen Kaiserzeit ersehen kann, vorchristliche Produktionsweise beibehalten, wie die Bäckerei[7]." Ungefähr 40000 Teigteilmaschinen werden

---

[1] Brentano, S. 35, 81.
[2] R. Martin, Zur Verkürzung der Arbeitszeit in der mech. Textilindustrie, Arch. f. soz. Gesetzgeb. u. Stat., VIII, S. 241.
[3] S. u. B. Webb, Theorie und Praxis der englischen Gewerkvereine, 1898, II, S. 252.
[4] Jahresbericht der Gewerbeaufsichtsbeamten für 1896, S. 193. — Ebenso Jahresbericht d. Großherzogl. bad. Fabrikinspekt. f. 1898, S. 30. — Lange Arbeitszeiten im Kleingewerbe und Widerstand gegen Kürzung derselben, siehe St. Bauer, Die Entwicklung zum Zehnstundentag, Arch. f. soz. Gesetzgeb. u. Stat., 1904, S. 209, 210.
[5] Die Arbeits- und Lebensverhältnisse der Wiener Lohnarbeiterinnen, 1897, S. 423.
[6] H. Wäntig, Gewerbliche Mittelstandspolitik, 1898, S. 267. — Vgl. hierzu S. 266—268 die weiteren zahlreichen Belege aus den Berichten der österreichischen Gewerbeinspektoren und Enqueten, sowie S. 264 den Nachweis, daß das Kleingewerbe beständig die Sonntagsruhe durchlöchert.
[7] Marx, Kapital, 1872, I, S. 242.

in Deutschland benutzt, während es über 80 000 Bäckereien gibt[1]. Von dieser wichtigsten Hilfsmaschine der Weißbäckerei kommen außerdem auf größere Betriebe wahrscheinlich mehrere Exemplare. Unter diesen Umständen sind die Schwierigkeiten, eine Arbeitszeitreduktion durch eine Mehrleistung auszugleichen, für einen kleinen Bäckereibetrieb außerordentlich[2]. Im Gegensatz zu anderen Gewerben findet in Australien nach Einführung des Achtstundentags ein Drittel der Arbeitslosen bei den Bäckern Beschäftigung[3].

Allen Betrieben, die in irgend einer Hinsicht des technisch-organisatorischen Fundaments höherer Arbeitsintensität ermangeln, droht bei kürzerer Arbeitszeit ein Produktionsausfall. Hierher gehören jene kapitalschwachen Unternehmungen, die bei stabiler Technik und ungenügender Organisation dahinvegetieren und den Konkurrenzkampf durch Verschlechterung der Arbeitsbedingungen aufrechterhalten müssen, denen jede ungünstige Schwankung der Konjunktur sowieso eine Art Damoklesschwert bedeutet. Der Gewerbeinspektor von Hildesheim ist der Meinung, daß zehnstündige Arbeitszeit allen den Betrieben schadet, die auch bei elfstündiger auf die Dauer nicht lebensfähig geblieben wären[4]. Die schweizer Fabrikinspektoren berichten, daß in einigen schlechteingerichteten und veralteten Textilbetrieben der Elfstundentag einen leichten Rückgang der Produktion verursachte[5]. Mit diesen Beobachtungen steht vielleicht die Tatsache in Zusammenhang, daß in dem australischen Staate Viktoria nach Durchführung des Achtstundentags bei einigen Gewerben eine kleine, aber anomale Verminderung der Betriebszahlen auftrat[6]. So bei Brauern, Sattlern, Schuhmachern. Die Gesamtproduktion dieser Industrien blieb indessen auf alter Höhe.

Fabrik und Handwerk, Groß- und Kleinbetrieb stehen in einem Verhältnis, das in mehr oder weniger großer Annäherung dasjenige von höherer und niederer Technik widerspiegelt. Der Übergang zu verbesserten Produktionsmethoden hängt von der Intelligenz der Leitung, vor allem von der Kapitalkraft einer Unternehmung ab, die sich wieder in der Größe der Betriebe dokumentiert. — Die wirkliche Länge der Arbeitszeit wird von dem ganzen Getriebe historischer und politisch-sozialer Strömungen her beeinflußt. Sie wird den technisch-organisatorischen Faktoren nur in großen Linien

---

[1] G. Müller, S. 106.
[2] K. Oldenberg, Der Maximalarbeitstag im Bäckerei- und Konditoreigewerbe; Jahrb. f. Gesetzgeb. u. Verw., Bd. 18, Teil II, S. 120—121.
[3] St. Bauer, Arbeiterfragen und Lohnpolitik in Australasien, Jahrb. f. Nationalök. u. Stat., 1891, S. 690.
[4] Die Arbeitszeit der Fabrikarbeiterinnen, S. 153; auch S. 211.
[5] Schuler, Der Normalarbeitstag in seinen Wirkungen auf die Produktion, Arch. f. Gesetzgeb. u. Stat., IV, S. 88, 95.
[6] J. Rae, S. 292.

und groben Umrissen folgen können. Bedenkt man ferner, daß in der Betriebsgröße ein relativ äußerliches Merkmal vorliegt, das durch die Zahl der beschäftigten Personen nicht einmal erschöpfend dargestellt wird, so ist den folgenden statistischen Angaben lediglich ein illustrativer Wert beizumessen.

In den österreichischen Erhebungen von 1906 zeigt der Maschinenbau noch am klarsten Beziehungen von Betriebsgröße und Arbeitszeit. Bei dieser Industrie bilden freilich qualifizierte Arbeit, sowie auf der Höhe bleibende Maschinerie und Organisation besonders vitale Punkte. Die österreichischen Zahlen ergeben folgendes Bild[1]:

Unter 100 Betrieben hatten eine Arbeitszeit von:

Betriebsgröße: Arbeiter	9 Std. u. weniger	9—10 Std.	10—11 Std.
1—20	4,1	72,3	23,6
21—50	10,6	67,8	21,9
51—100	14,5	72,7	13,4
101—300	13,8	77	9,2
301—1000	30,4	58,9	12,5
über 1000	45,5	45,5	9

In der Maschinenindustrie haben also 45,5 % der Großbetriebe und nur 4,1 % der kleinen eine Arbeitszeit von 9 Stunden und weniger, während die gleichen Verhältniszahlen bei 10—11 Stunden 9 und 23,6 % betragen. **Mit steigender Betriebsgröße sinkt die Arbeitszeit.** — In der Berliner Metallindustrie haben 0,59 % der kleinen Betriebe von 1 bis 100 Mann, aber 24 % der großen von 500 Mann und mehr den achtstündigen Arbeitstag[2].

Weniger vernehmlich ist die Antwort, die die Statistik auf weitere Fragen erteilt. Es ist daran zu erinnern, daß der Grad der Spezialisation und die Qualifikation der Arbeit, unabhängig von der Betriebsgröße, die Arbeitszeit zu bestimmen vermag. Kleinere Betriebe können technisch und organisatorisch auf höherem Niveau stehen als größere, können durch Spezialisierung auf gewisse Artikel den Grund für einen intensiven Schnellbetrieb mit kurzem Arbeitstag legen. Einige der in England mit kurzer Arbeitszeit vorangehenden Firmen waren z. B. verhältnismäßig klein[3]. — Aus diesen Gründen zeigt die alle übrigen Differenzen nivellierende Statistik erst einen allgemeineren Zusammenhang von Arbeitszeit auf der einen und Betriebsgröße, d. h. Technik und Organisation, auf der

---

[1] Die Arbeitszeit in den Fabrikbetrieben Österreichs, 1907, S. LXVI.
[2] Nach dem „Ergebnis der statistischen Erhebungen über Arbeits- und Lohnverhältnisse in der Metallindustrie in Berlin", 1903, S. 11—12.
[3] J. Rae, Neue Fortschritte der Achtstundenbewegung in England, Arch. f. soz. Gesetzgeb. u. Stat., 1898, S. 16.

anderen Seite, wenn man den Gegensatz von Groß- und Kleinbetrieb zu einer gewissen Weite spannt.

In Frankreich haben 1897 durchschnittlich Betriebe von 1000 und mehr Arbeitern einen Arbeitstag von $9^1/_4$ Stunden, die von 25 und weniger dagegen elfstündige Arbeitszeit. Für die mittleren Größen ergibt sich $10^3/_4$ Stunden als Durchschnittszeit. Diese Zahlen, sagt Biermer, bestätigen den auch anderswo gemachten Erfahrungssatz, daß mit der Größe der Betriebe die soziale Lage der Arbeiter sich bessert[1]. — In den folgenden Angaben, die aus der österreichischen Enquete von 1906 znsammengestellt sind, werden die kleinen Betriebe von 1—20 Personen mit dem Durchschnitt aller Grössenklassen in Hinsicht auf eine Arbeitszeit von 9 Stunden und weniger verglichen[2].

Von 100 Personen arbeiten 9 Stunden und weniger:

Gewerbearten	Kleinbetriebe von 1—20 Personen	Durchschnitt aller Größenklassen
Urproduktion	—	4 %
Industrie in Steinen und Erden	7,7 %	3,9 „
Maschinenindustrie	4,4 „	25,1 „
Holzwarenindustrie.	6,3 „	9,7 „
Kautschukindustrie.	—	0,6 „
Tapeziergewerbe	26,7 „	67,2 „
Bekleidungsindustrie	1,7 „	6,3 „
Papierindustrie	8,9 „	12 „
Graphische Gewerbe	92,2 „	95,2 „

Die Kleinbetriebe stehen mehr oder minder hinter dem Durchschnitt aller Größenklassen in bezug auf kürzere Arbeitszeit zurück. Die Zahlen der Metallverarbeitung, Leder- und Textilindustrie, der Nahrungsmittel- und chemischen Industrie gehören nicht dazu und sind nicht mit aufgeführt.

Die Großbetriebe über 1000 Mann zeigen das Gegenbild. Sie haben im großen und ganzen kürzere Arbeitstage als der Durchschnitt aller Größenklassen.

Mit Ausnahme der nicht erwähnten Metallverarbeitung und Hüttenwerke stehen die großen Betriebe günstiger da, als der Durchschnitt aller Größenklassen (Tabelle siehe folgende Seite). Bei der Hälfte aller Industrien haben sie die Kategorie der 10—11 Stunden arbeitenden Betriebe überhaupt völlig verlassen. Für die Gesamtheit der großen Betriebe beträgt der Prozentsatz der länger als 10 Stunden beschäftigten Arbeiter 21,4 %, während diese Zahl für den Gesamtdurchschnitt auf 43,8 % ansteigt.

---

[1] Salaire et durée du travail dans l'industrie française, 1897, IV, p. 121. — Biermer, Hdb. d. St., I, S. 1024.
[2] Die Arbeitszeit in den Fabrikbetrieben Österreichs, 1907, S. LXVI/LXVII.

Von 100 Personen arbeiten 10 Stunden und mehr:

Gewerbearten	Großbetriebe über 1000 Personen	Durchschnitt aller Größenklassen
Industrie der Steine und Erden	16,1 %	45,3 %
Urproduktion	—	6,5 „
Maschinenindustrie	8,5 „	12 „
Holzwarenindustrie	—	53,9 „
Kautschukindustrie	—	4,9 „
Lederindustrie	—	26,1 „
Textilindustrie	38,7 „	59 „
Bekleidungsindustrie	—	28,3 „
Papierindustrie	45,7 „	46,5 „
Nahrungsmittelindustrie	—	56,5 „
Chemische Industrie	50 „	50,1 „
Graphische Gewerbe	—	0,2 „

Stadt und Land bilden in großen Umrissen entsprechende technisch-organisatorische Gegensätze. Vorzüglich die Großstadt ist Standort für Qualitätswaren und Spezialartikel. während der industriellen Produktion ländlicher Gebiete das Odium „billig und schlecht" anhaftet[1]. Ausnahmen gibt es je nach den Umständen sicher für beide Fälle. — Das Steigen der städtischen Grundrente, die hohen Arbeitslöhne und Kosten für Verwaltung, Aufsicht, Beleuchtung und Gebäudeabnutzung bilden einen beständigen Ansporn, Technik und Organisation auf der Höhe zu halten, ein Fortschritt, der kürzere Arbeitszeiten möglich, ja erforderlich macht. Die höhere Bildung und straffere Vereinsdisziplin, die den qualifizierten Arbeitskräften der städtischen Gewerbe eignet, begünstigt offenbar die Durchführung einer Arbeitszeitreduktion.

In der folgenden Zusammenstellung werden die sechs Städte Wien, Graz, Triest, Prag, Brünn und Lemberg mit den entsprechenden Handelskammerbezirken ohne Städte konfrontiert[2].

	Zahl der Arbeiter	Arbeitszeit:		
		8—9 Std.	9—10 Std.	10—11 Std.
Die sechs Städte	203 318	30,6 %	58,2 %	10,9 %
Die Hk.-Bezirke ohne die Städte	194 846	2,6 „	37,4 „	56,2 „

Trotz höherer Löhne arbeiten in den Städten 30,6 %, in der Provinz nur 2,6 % aller Arbeiter weniger als 9 Stunden; 10,9 und 56,2 % dagegen 10—11 Stunden.

Aus den gleichen Motiven findet in der Richtung vom

---

[1] O. Schwarzschild, Die Großstadt als Standort der Gewerbe, Jahrb. f. Nationalök. u. Stat., 1907, S. 745, 781—782.
[2] Die Arbeitszeit in den Fabrikbetrieben Österreichs, S. LXVIII.

westlichen nach dem östlichen Deutschland eine Zunahme der Arbeitszeiten statt. Ebenso berichten die Gewerbeinspektoren von Ostpreußen, Hildesheim und Wiesbaden in der Enquete von 1902, daß der elfstündige Arbeitstag vor allem noch in den ländlichen Gegenden herrscht. Kopenhagen hat kürzere Arbeitszeiten, als die dänische Provinz[1].

8 Stunden und weniger arbeiten:

	1902	1903	1904
in Kopenhagen	6,1 %	6,4 %	4,8 %
in der Provinz	1,1 %	1,1 %	1,2 %

11 Stunden und mehr arbeiten:

	1902	1903	1904
in Kopenhagen	0,2 %	0,2 %	0,1 %
in der Provinz	8,0 %	7,5 %	6,9 %

[1] Die Arbeitszeit in Dänemark. Soz. Rundschau, herausgeg. vom k. k. Arbeitsstat. Amt, 1906, S. 6. — Die Verminderung der Zahl der Arbeiter mit achtstündiger Arbeitszeit ist weniger einer tatsächlichen Erhöhung der Arbeitszeit als einer genaueren Erhebung zuzuschreiben.

Vierter Teil.

Die persönlichen Ursachen höherer Arbeitsintensität bei kürzerer Arbeitszeit.

Wir fanden, daß der unmittelbare Träger höherer Arbeitsintensität bei kürzerer Arbeitszeit auf der subjektiv-persönlichen Seite des Produktionsprozesses zu suchen ist (vgl. S. 54—55 dieser Arbeit), daß die Technik als eine conditio sine qua non fungiere. Wenn dem so ist, müssen die im Wesen der menschlichen Arbeitskraft liegenden Ursachen aufgesucht werden, die trotz kürzerer Arbeitszeit gleiche, ja vermehrte Leistungsfähigkeit bewirken. Man kann diese Faktoren allgemein beschreiben als Folge größerer Erfrischung durch längere Erholungszeit, geringere Anstrengung bei kürzerer Dauer der Arbeit, Gewinn an physischer und intellektueller Energie.

Nun ist keineswegs selbstverständlich, daß bei Kürzung des Arbeitstages irgendeine Kräfteersparnis eintreten muß. Nach dem Prinzip von der Erhaltung der Energie erfordert die auf eine kürzere Spanne Zeit verdichtete Arbeitsleistung mindestens den gleichen Kraftaufwand. Physikalisch ist etwa die geleistete Arbeit, abgesehen von der Reibung gleich groß: ob man ein Gewicht langsam eine schiefe Ebene entlang aufwärtsschiebt, oder es schnell die Höhe hinaufzieht. Ja, aus der physiologischen Sphäre kennt jeder genug Fälle, wie Laufen, Bergsteigen, Gewichtheben, bei denen das Zusammendrängen der Leistung auf weniger Zeit eine Mehranstrengung hervorruft[1]. Es bliebe nur der Gewinn längerer Erholungszeit, der durch die größere Erschöpfung eines beschleunigten Arbeitstempos wieder getilgt würde. — Worauf

---

[1] Wie sich diese Verhältnisse vom Standpunkt der experimentellen Physiologie darstellen, zeigt eine Tabelle bei Tigerstadt, Physiologie des Menschen, 1908. II, S. 44. Hier werden verschiedene Formen physiologischer Arbeit, wie Berg- und Treppensteigen, Lasttragen, Kurbeln mit der Hand, Rudern, Ziehen und Treten miteinander verglichen. Durchgehend ist die pro Sekunde berechnete Arbeitsleistung um so größer, je kürzer die Arbeitsdauer gewesen ist.

es bei der industriellen Arbeit eigentlich ankommt, hat erst Ernst Abbe deutlich gesehen. Er begnügt sich nicht, die ebenso allgemeine wie unbestreitbare Tatsache größerer Erfrischung festzustellen, sondern gibt eine im Wesen des Arbeitsprozesses selbst liegende Erklärung. Als Physiker findet er ein Problem vor: wie kann gleiche oder mehr Arbeitsleistung in kürzerer Zeit eine Ersparnis ergeben? Als Naturforscher fragt er nicht nach den allgemeinen Ursachen, sondern nach der quantitativen Größe der Kräfteersparnis[1].

Der Kräfteverbrauch des Fabrikarbeiters läßt sich in zwei Teile, den ordentlichen und den außerordentlichen Verbrauch zerlegen. Der ordentliche entsteht bei der eigentlichen Arbeitsverrichtung. Er wird hervorgerufen durch eine Summe zweckmäßig kombinierter Handgriffe und Körperbewegungen, durch die für Korrektur und Überwachung verausgabte psychische Energie. Der außerordentliche Kräfteaufwand findet außerhalb des Arbeitsaktes statt. Infolge der Sinnesreize und der vertikalen Körperhaltung bedarf schon der Müßiggang der Erholung durch den Schlaf. Dieser Faktor steigert sich außerordentlich bei industrieller Arbeit. Die außerhalb des eigentlichen Arbeitsaktes entstehende Ermüdung könnte jemand verspüren, der ohne Tätigkeit einen Tag lang die Haltung eines Arbeiters in der Fabrik einnehmen würde.

Abbe findet, daß bei der Verdichtung der Leistung auf kürzere Zeit keine Ersparnis an ordentlichem Verbrauch, an Arbeitsenergie erster Art eintritt[2]. Dies läßt sich zahlenmäßig durch die vermehrte Inanspruchnahme der Maschinen nachweisen. Bei Herabsetzung der Arbeitszeit von neun auf acht Stunden wird nicht eine Stunde Aktionszeit gewonnen, sondern nur jener „außerordentliche" Verbrauch an Muskel- und Nervenenergie gespart, der da während einer Stunde entsteht: durch das Bereitstehen am Werkzeug, durch eine erzwungene stehende oder sitzende Haltung, die wegen ihrer Dauer ermüdet, durch den Aufenthalt in einem Fabrikraum, der von Lärm erdröhnt, von Staub- und Ölpartikelchen geschwängert ist. „Das Surren und Rasseln, das Quietschen und Knirschen, das Stampfen und Pochen vieler Maschinen betäubt die Ohren und zerrüttet die Nerven" (Herkner). Diesen außerordentlichen Kraftaufwand nennt Abbe analog dem der leerlaufenden Maschine den Leergang der Arbeit. Der Industriearbeiter gewinnt diesen Betrag bei kürzerer Arbeitszeit, weil die Beschleunigung des Arbeitstempos bei arbeitsteiliger Tätigkeit viel weniger Kraft kostet, als jener außerordentliche Verbrauch

---

[1] Ernst Abbe, Die volkswirtschaftliche Bedeutung einer Verkürzung des industriellen Arbeitstages, Sozialpol. Schriften (Gesammelte Abhandl., Bd. III), 1906. Die folgende Darstellung bringt nur den Hauptgedanken und in veränderter Fassung.

[2] Abbe, S. 215.

durch das bloße Verweilen an der Arbeitsstätte, den Leergang der Arbeit.

Bei dem Übergang vom neun- zum achtstündigen Arbeitstag wird die Leistung der letzten Stunde auf die früheren acht verteilt und so der Leergang einer Stunde gewonnen[1]. Der Gewinn kürzerer Arbeitszeit setzt sich zusammen aus der Ersparnis des Leergangs und dem Genuß längerer Erholung. Zusammenfassend kann man mit Abbes Worten sagen: „Verkürzung der Arbeitszeit muß so lange noch Erhöhung der Tagesleistung zur Folge haben, als der Gewinn aus der verlängerten Ruhezeit und der Ersparnis an Kraftverbrauch für den Leergang noch größer sind, als der Kraftverbrauch für Beschleunigung des Arbeitstempos."

Von einem bestimmten Punkt an muß die Intensivierung der Arbeit bei zunehmender Verkürzung ihrer Dauer diesen Gewinn illusorisch machen. Daher besteht ein Optimum der Leistung, das nach Abbes Meinung für drei Viertel der deutschen Industrie bei 9 Stunden noch nicht erreicht und bei 8 Stunden noch nicht überschritten ist. Er steht nicht allein. Schon Anfang der sechziger Jahre schreibt Eugène Véron: „Ich habe im Elsaß Leute kennen gelernt, die mitten in industriellen Bezirken leben und mit den Arbeitsgewohnheiten und Bedürfnissen der Industriearbeiter vollkommen vertraut sind, Leute, die völlig beurteilen können, wie weit man auf diesem Gebiet mit Reformen gehen kann. Sie gehen so weit, zu behaupten, daß in der Industrie ein Maximum von sieben- bis achtstündiger Tagesarbeit die vorteilhafteste Kombination sein würde[2]."

Wie dem auch sei: nur die Erfahrungen der Praxis können die Optimalintensität der einzelnen Industrien festlegen. Das Textilgewerbe wird nach den bisherigen Erfahrungen nicht so weit gehen können, wie die Feinmechanik. Die Baumwollarbeiter von Lancashire haben sich wenigstens im Interesse der englischen Konkurrenzfähigkeit vorläufig noch gegen den Achtstundentag ausgesprochen[3]. Die Optimalintensität wird nicht nur nach technisch-organisatorischen Zuständen, sondern auch mit den Qualitäten des Arbeiterstandes schwanken[4].

---

[1] Abbe, S. 230. — Dieser Punkt ist z. B. Marx völlig entgangen. Das beweist folgender Satz: „Die intensivere Stunde des zehnstündigen Arbeitstages enthält jetzt so viel oder mehr Arbeit, d. h. verausgabte Arbeitskraft als die porösere Stunde des zwölfstündigen Arbeitstages" (Marx, Kapital I, 1872, S. 430).
[2] Les institutions ouvrières de Mulhouse, S. 288, zitiert bei Emminghaus, Gewerkslehre, S. 78.
[3] Auf dem Gewerkschaftskongreß 1905, nach Shadwell, England, Deutschland und Amerika, S. 337.
[4] Wenn etwa der oberschlesischen Arbeiterbevölkerung die Qualitäten, deren eine intensive Betriebsführung bedarf, abgesprochen werden

Die tägliche Kraftersparnis durch Gewinn des Leergangs und längere Ruhezeit kann sich bei ihrem kleinen Betrage erst auf die Dauer bemerkbar machen. Sie geht als physiologischer Vorgang automatisch-unbewußt vor sich, kann sich unabhängig von bewußten Willensimpulsen durchsetzen. Der Effekt tritt eben nicht nur bei Akkordarbeitern ein, wo ein begreiflicher Anreiz besteht, jeden Zuwachs an Spannkraft auch in mehr Produkt zu investieren, sondern auch bei Zeitlöhnern. Diese bedeutsame Tatsache, die das Wesen der in Frage stehenden Vorgänge gut beleuchtet, wird durch die Erfahrungen in den englischen und österreichischen Staatsbetrieben bestätigt. Weitere Belege bilden die Zeugnisse der Maschinenbauer Allan & Co. und Johnson, zwei Werke, die nach Zeitlöhnen arbeiten[1]. Bei Mather standen zwei Drittel der Leute in Zeitlohn. Übrigens haben auch die australischen Maurer in Viktoria, deren schneidiges Draufgehen das Erstaunen aller Reisenden erregt, keine Stücklöhne.

Gewiß wird ein bequemer Zeitlöhner nicht immer einen Kraftzuwachs so ausnutzen, wie ein Akkordarbeiter. Aber auch bei ihnen droht, soweit es in ihrer Macht steht, kein Sinken der Leistung, wenn die Betriebsleitung an die Ehre ihrer Arbeiter appellierend, die Einführung kürzerer Arbeitszeit von der Erwartung „that every man will do his duty" abhängig macht. So bei Mather, den österreichischen Staatsbetrieben und anderwärts. Die chemische Fabrik Burroughs, Wellcome & Co. hat bei Einführung des Achtstundentages keine Erhöhung der Produktionskosten oder Verminderung des Ertrages zu verzeichnen. Der Chef schreibt von seinen

---

(Die Arbeitszeit der Fabrikarbeiterinnen, S. 157, 166), so ist dagegen zu sagen, daß kürzere Arbeitszeit durch Hebung der physischen Spannkraft diese Qualitäten allmählich schafft und auf die Dauer auch die geistigen Fähigkeiten entwickelt. Oft läßt sich schon unmittelbar nach Einführung kürzerer Arbeitszeit ein Mehr an Intelligenz feststellen (J. Rae, S. 137). — Außer Alter, Konstitution und Lebensführung ist die Ernährung von entscheidender Bedeutung für die Leistungsfähigkeit und Qualität des Arbeiters. Die Versuche am Ergographen haben den Zusammenhang von Nahrungsaufnahme und Arbeitsleistung klargestellt. Nach der Mahlzeit ist die Muskelleistung höher als am Vormittage. (E. Roth, Ermüdung durch Berufsarbeit, Ärztl. Sachverständigen Zeitung, 1907, S. 390; Römer, Versuche über Nahrungsaufnahme und geistige Leistungsfähigkeit. Psychologische Arbt., herausgeg. v. Kraepelin, II, S. 695, ferner III, S. 689). — Wer intensiv arbeiten soll, muß sich entsprechend ernähren. Der amerikanische Arbeiter genießt in Massachusets täglich: 127 g Eiweiß, 186 g Fett, 531 g Kohlehydrate; der belgische 70 g Eiweiß, 26 g Fett, 461 g Kohlehydrate. (L. v. Buch, El. d. pol. Ök., S. 7.) Australien mit Achtstundentag ist zugleich das relativ am meisten fleischkonsumierende Land der Welt. (St. Bauer, Arbeiterfr. u. Lohnpol. in Austral-Asien, Jahrb. f. Nationalök. u. Stat., 1891, S. 687.)

[1] J. Rae, S. 97.

Arbeitern: „Wir vertrauen ihrer Ehre, daß sie während des Achtstundentages für unsern Betrieb ihr Bestes tun[1]."

Auch die an Akkordarbeitern gemachten Beobachtungen tun dar, wie wenig der Grad der Intensivierung von bewußten Willensimpulsen abhängt. Im Zeißwerk stieg die Leistung der Stücklöhner bei kürzerer Dauer der Arbeit zuerst weit über das Durchschnittsniveau, indem alle Kräfte aufs Äußerste angespannt wurden. Diese Übertreibung erschöpfte die Leute in zwei bis drei Wochen. Die Leistung sank, um auf einer kleinen, aber dauernden Steigerung von 3,3% zu verharren. Die Anpassung vollzog sich automatisch, denn die Arbeiter selbst hatten geglaubt, nur die stündliche Durchschnittsleistung des früheren Neunstundentages zu entwickeln[2].

Abbe sagt deshalb in zugespitzter Formulierung, daß sich die Beschleunigung des Arbeitstempos unabhängig von dem guten oder bösen Willen der Arbeiter vollzieht[3]. Das ist nur cum grano salis richtig, wenn die allgemeine Disposition, der Wille „zur Arbeit schlechthin" stillschweigend schon vorausgesetzt wird. Bei den Arbeitern des Zeißwerks brauchte diese Voraussetzung freilich nicht erwähnt zu werden. — Leistungsfähigkeit und Leistungswilligkeit sind indessen nicht identisch zu setzen, wie Herbig mit Recht jüngst wieder betont hat[4]. Die psychologische Analyse des Arbeitsvorgangs ergibt, daß die Arbeitskurve beständigen Schwankungen unterliegt, die von einsetzenden und abflauenden Willensimpulsen, d. h. apperzeptiven Antrieben herrühren[5].

Welche Bedeutung eine das erlaubte Maß überschreitende Diskrepanz von Leistungsfähigkeit und Leistungswilligkeit annehmen kann, zeigt hier und da der Versuch englischer und amerikanischer Gewerkvereine, eine go-easy-Politik einzubürgern[6]. — Jene Fälle, in denen kürzere Arbeitszeit einen

---

[1] S. Webb and H. Cox, The Eight-Hours-Day, S. 255.
[2] Abbe, S. 219.
[3] Abbe, S. 220—221.
[4] Herbig, Das Verhältnis des Lohns zur Leistung mit besonderer Berücksichtigung des Bergbaus, Jahrb. f. Gesetzgeb. u. Verw., 1908, S. 621 f.
[5] Vgl. Kraepelin, Die Arbeitskurve, Philosophische Studien, herausgegeben v. Wundt, Bd. 19, S. 472—474. — Die bei geistiger Tätigkeit gewonnenen Versuchsergebnisse lassen in einem gewissem Grade eine Übertragung auf industrielle Arbeit zu; und zwar aus drei Gründen: 1. Das Ermüdungsphänomen ist viel mehr, als man bisher glaubte, psychologischer Natur und nicht bloß Erschöpfung der Muskelsubstanz. 2. Industrielle Arbeit ist überhaupt nur nach gewissen Seiten körperliche Tätigkeit, wird zusehends immer weniger. Diese Behauptung ist später in anderem Zusammenhang zu rechtfertigen. 3. Zwischen den Gesetzen körperlicher und geistiger Arbeit besteht eine auffällige Analogie, die auf eine zugrundeliegende, allgemeinere Gesetzmäßigkeit der lebenden Substanz überhaupt hinweist.
[6] Regulation and restriction of Output, 11 th. Rep. of the Comm. of Labor, Wash. 1905. — Die Darstellung von Reiswitz, Ca'canny 1902,

Produktionsausfall nach sich zog[1], sind also folgenden drei Ursachenreihen zuzurechnen, die zum Teil ineinandergreifen:
1. Mangelnde Technik oder Organisation,
2. mangelnder Eifer der Arbeiter,
3. die Optimalintensität ist überschritten.

Anderseits wird höhere Intensität der Arbeit überall da eintreten, wo die früher erörterten technisch-organisatorischen Prämissen gegeben sind, wo vor allem die einzelne technische Funktion arbeitsteilig zugeschnitten ist, und wo die Arbeiterschaft die erforderlichen Qualitäten besitzt oder entwickeln kann.

Für die „automatisch-unbewußt" vor sich gehende Beschleunigung des Produktionsganges muß auch ein psychologischer Faktor in Anspruch genommen werden. Er entspringt aus der kooperativen Arbeitsweise, der ganzen gesellschaftlichen Verfassung der Fabrik. Ein lässiger Industriearbeiter wird als Rädchen im Getriebe eines Ganzen auch ohne besondere Aufsicht und ohne Antrieb viel eher angespornt werden, als etwa ein isolierter, träger Landarbeiter. — Bei einem Dauermarsch ist es für den isolierten Geher bekanntlich viel schwieriger, ein bestimmtes Tempo durchzuhalten, als für zwei oder mehr. Da unwillkürliches Nachlassen bei mehreren nie auf den gleichen Zeitpunkt fällt, wirkt das unveränderte Tempo der anderen ermunternd und regulierend. Eventuell wird diese Funktion einem besonderen Schrittmacher übertragen.

Bücher weist auf die gleichen Zusammenhänge bei rhythmisch ausgeführter Handarbeit hin. Der einzelne Arbeiter gönnt sich Ruhepausen. Mit Hilfe mehrerer Arbeiter läßt sich ein schnellerer Takt erzielen. Die gemeinsame Arbeit regt zu Wetteifer an; keiner will hinter dem anderen an Kraft und Ausdauer zurückstehen[2]. — Auch in der modernen Werkstatt werden persönliche Differenzen der Körperkraft und des Arbeitstemperaments durch den beschleunigten Puls, die schnellere Rhythmik des Ganzen ausgeglichen, die anreizend auf die Individuen zurückwirkt. Eine suggestive Wechselwirkung, eine unbewußte gegenseitige Nachahmung greift um sich; sie erfaßt auch ohne eigentliches Indiehandarbeiten den ganzen Betrieb.

---

schmeckt zu sehr nach Tendenz, um irgendwelchen Anspruch auf objektive Beweiskraft erheben zu können.

[1] Über derartige Fälle vgl.: Die Arbeitszeit der Fabrikarbeiterinnen, S. 213—214; Preuß. Jahresber. für 1904, S. 502. — 1893—1896 müssen von 56223 Arbeitern 10 % den Achtstundentag aus teilweise unbekannten Gründen wieder aufgeben (J. Rae, Neue Fortschritte der Achtstundenbewegung in England, Arch. f. soz. Gesetzgeb. u. Stat., 1898, S. 16, 27).

[2] K. Bücher, Arbeit und Rhythmus, 1902, S. 27. Weitere zahlreiche Beispiele S. 27—29.

Einem Marx ist dieser Zug bei der Charakteristik des kapitalistischen Betriebs natürlich nicht entgangen: „Abgesehen von der neuen Kraftpotenz, die aus der Verschmelzung vieler Kräfte in eine Gesamtkraft entspringt, erzeugt bei den meisten produktiven Arbeiten der bloße gesellschaftliche Kontakt einen Wetteifer und eine eigene Erregung der Lebensgeister, welche die individuelle Leistungsfähigkeit der einzelnen erhöhen[1]."

Eine psychologisch gleiche Konstellation kehrt für viele Lebensgebiete an allen Brennpunkten der Kultur wieder, nämlich überall da, wo die Gesamtstimmung des Milieus das Individuum zu ungewöhnlichen Leistungen anregt. Hierfür läßt sich z. B. die Erfinderluft anführen, die in amerikanischen Werkstätten zu wehen pflegt. — Die Kunstzentren der Renaissance, wie Florenz und Venedig erfüllte eine Atmosphäre, die auf jeden mehr oder weniger abfärbte, und die auch geringeren Talenten eine gewisse Höhe des Stils aufprägte, welche vielen ohne diese Einflüsse unzugänglich geblieben wäre. Das moderne Pariser Kunstleben weist ähnliche Phänomene in internationaler Ausdehnung auf.

„Il est curieux de constater comment les ouvriers nouvellement arrivés subissent, à leur insu, la contagion de l'exemple, de ce que nous oserions appeler ‚l'esprit de la maison' et combien rapide est leur adaptation aux habitudes nouvelles." — Das ist eine Beobachtung Fromonts, nachdem zwölfstündige Schichten durch achtstündige ersetzt worden waren[2].

In vielen Betrieben ist eine Erhöhung der individuellen Produktion an die komplementären Leistungen anderer gebunden. In der Hutfabrikation treibt z. B. die Akkordarbeiterin an der Konusmaschine das Krempelmädchen noch durch besonderes Klopfen an, ein Zeichen, daß ihr Material fehlt. Es liegt in der Natur der Dinge, daß diese gegenseitige Anregung bei Gruppenarbeiten deutlicher und bewußter hervortritt. Schon das Fehlen eines einzigen Mitglieds lähmt die Arbeit der Anwesenden. Im Handbuch der Entlöhnungsmethoden heißt es über diese Arbeitsweise: „Die einzelnen Mitglieder der Gruppe feuern sich gegenseitig an, ihre besten Kräfte anzuspannen, damit sich der gemeinsame Verdienst so hoch wie möglich stelle. In dieser Weise erhalten die langsameren Arbeiter einen beständigen Ansporn durch die Leistungsfähigkeit, die ihre energischeren Nachbarn betätigen[3]."

---
[1] Marx, Das Kapital I, 1872, S. 334.
[2] L. G. Fromont, Une Expérience Industrielle de Réduction de la Journée de Travail, 1906, S. 86.
[3] Schloß-Bernhard, Handbuch der Entlöhnungsmethoden, 1906, S. 117. — Bücher entwirft von der Gruppenarbeit folgendes Bild: „Die gemeinsame Arbeit regt zum Wetteifer an; keiner will an Kraft und Ausdauer hinter dem andern zurückstehen, und überdies tönt der laute Pulsschlag der Arbeit in die Ohren der Nachbarn, deren Spott bei zu häufiger Unterbrechung oder zu lässigem Gang der Schläge nicht zu säumen pflegt". (Arbeit und Rhythmus, S. 29.)

Als Beleg sei die Kolonnenarbeit der Maurer angeführt. Hier spielt die ausgespannte Leine, die die Leistung der Kameraden deutlich anzeigt, eine gewisse Rolle. In dieser Hinsicht scheinen sich die italienischen Bruchsteinmaurer durch besonders gutes Zusammenarbeiten und geschickte Gruppenorganisation auszuzeichnen. Solche Verknüpftheit der Leistungen und wechselweise Anregung von Person zu Person kann gelegentlich mißbräuchlich ausgebeutet werden. Diesen Zweck verfolgte das Buttymeistersystem, bei dem der stücklohnarbeitende „Buttymeister" die in Zeitlöhnen beschäftigten Kohlenhäuer in ein schnelleres Tempo hineinriß. Hierher gehören ferner die im englischen Baugewerbe „bell horses" — Leitpferde — genannten Arbeiter: bestochene Leute, deren schnellerer Arbeitstakt die ganze Gruppe zur Nachfolge zwingen sollte[1].

Unter Umständen kann ebenso der umgekehrte Effekt eintreten. Auch die Trägheit wirkt „ansteckend", wird zur Gewohnheit, sobald die Schwelle einer gewissen Teilnehmerzahl überschritten wird. — Ein Praktiker verlangt, daß das Interesse an der Arbeit beständig rege erhalten werden müsse. „Denn es darf nicht verkannt werden, daß ein träger Beamter oder Arbeiter leider sehr häufig viele Nachahmer findet, und somit die Leistungen bei der Arbeit bedeutend vermindert[2]." Wenn man daher behauptet hat, daß die Montagsleistung bei uns häufig einen Rückgang der Produktion bis zu 20 % aufweist, so ist damit keineswegs eine schlechte Ausnutzung des Sonntags bei allen Arbeitern angezeigt. — Gelegentlich wird festgestellt, daß eine Arbeitszeitreduktion der Frauen auch die Tätigkeit der Männer lähmt. Den Leuten beginnt der rechte Arbeitseifer zu fehlen, nachdem die Arbeiterinnen die Fabrik verlassen haben[3].

Im großen und ganzen ist das psychologische Moment der suggestiven Wechselwirkung mehr ein nebenherwirkender, ausgleichender und regulierender Faktor höherer Arbeitsintensität als einer ihrer spezifisch kausalen Träger, wie die Ersparnis des Leergangs und der Gewinn längerer Ruhezeit. Auf ihnen beruht doch vor allem die Steigerung der Leistung.

Der aus dem Fortfall des Leergangs entspringende Gewinn läßt sich indirekt durch Daten beleuchten, die die aus dem bloßen Verweilen an der Arbeitsstätte entstehenden Schädigungen anzeigen. Tritt an Stelle ein- bis zweistündiger Fabrikarbeit der Aufenthalt in besserer Luft, so erwächst der körperlichen Spannkraft, der Gesamtvitalität ein nicht un-

---

[1] S. u. B. Webb, Theorie und Praxis der englischen Gewerkvereine, 1898, I, S. 258, 267, 273.
[2] Chr. Cremer, Durchschnittspreise für Akkordarbeiten in Maschinenfabriken, 1889, S. 208.
[3] Die Arbeitszeit der Fabrikarbeiterinnen, S. 268.

bedeutender Gewinn. Wäre der Organismus doch in dieser Zeit sonst schädigenden Reizen und Einwirkungen ausgesetzt, als da sind: eine von Rauch-, Staub-, Ölpartikelchen erfüllte Atmosphäre, Trockenheit und Hitze, bedeutende Temperaturschwankungen oder erhöhter Luftdruck, Nässe und Feuchtigkeit bei einigen, grelles Licht und strahlende Wärme bei anderen Gewerben[1]. Je nach der Betriebsweise wirken diese Reize einzeln oder verschieden kombiniert. Alle betriebstechnischen Fortschritte, die zur Verbesserung der hygienischen Zustände beitragen, vermindern die Abnutzung durch den Leergang. In einer Weberei nimmt die Arbeitsleistung bedeutend zu, nachdem Temperatur und Feuchtigkeit, die auf 29° C und 80 °/o gestiegen waren, auf ein gesünderes Maß sinken[2].

Man hat sagen können, daß die Sterblichkeit in der Industrie der Staubentwicklung proportional ist[3]. Nach Sommerfeld sterben von 1000 Lebenden an Schwindsucht[4]:

bei Berufen ohne Staubentwicklung 2,39
    „   „   mit   „   5,42.

In Lancashire wie anderwärts haben die Textilarbeiter eine höhere Sterbeziffer als die Bergleute. Zwischen Tätigkeiten im Freien und solchen in geschlossenen Räumen besteht ein auffälliger Unterschied in bezug auf Erkrankungen an Schwindsucht[5].

Die Kräfteersparnis durch die anderen Teile des Leergangs wurde schon erwähnt. In einem Raum, wo 40 Webemaschinen arbeiten, herrscht ein ununterbrochenes donnerähnliches Getöse, das das gesprochene Wort fast unhörbar macht. Ein Teil der älteren Leute wird in Maschinenfabriken durch das Dröhnen der Hämmer regelmäßig schwerhörig. Auf der anderen Seite entsteht pathologische Geräuschempfindlichkeit. Bei einer auf 575 Fälle sich erstreckenden Untersuchung scheint in 66 d. h. 11,5 °/o der Lärm Ursache von Arbeiterneurosen gewesen zu sein[6]. — Jede erzwungene Haltung des Körpers, die an sich nicht anstrengt, wirkt auf die Dauer ermüdend. Fortgesetztes Stehen oder Sitzen hat schädigende Wirkungen und verursacht gewisse spezifische Arbeiterkrankheiten, zumal wenn es, wie etwa beim Maschinennähen mit vorgebeugter Haltung des Oberkörpers verbunden ist. Besonders ungesund ist in dieser Hinsicht die sitzende

---

[1] Handbuch der Hygiene, herausgeg. v. Wyl, Bd. VIII, 1894, Gewerbehygiene, S. 27. — G. Heilig, Fabrikarbeit und Nervenleiden. Berliner Diss., 1908, S. 9 f.
[2] Schuler, Ausgew. Schriften, S. 110.
[3] Gewerbehygiene, S. 1208.
[4] M. Rubner, Lehrbuch der Hygiene, 1907, S. 742.
[5] J. Rae, S. 102; Rubner, S. 741.
[6] G. Heilig, Fabrikarbeit und Nervenleiden, 1908, S. 8—12.

Arbeitsweise der Feilenhauer, bei deren vornübergebeugter Haltung die Brust und Baucheingeweide zusammengedrückt werden, so daß die Atmung ungenügend wird[1].

In der folgenden Schilderung Paul Göhres kommt deutlich zum Ausdruck, daß der „außerordentliche" Kraftverbrauch, der Leergang der Arbeit mehr Anstrengung kostet, als der Ablauf der eigentlichen Produktionsakte. „Nicht eigentlich die meist schweren Handgriffe und Arbeitsleistungen, sondern dieses Zusammenleben, Zusammenatmen, Zusammenschwitzen vieler Menschen, diese dadurch entstehende ermüdende Druckluft, das nie verstummende, nervenabstumpfende, gewaltige quietschende, dröhnende, ratschende Geräusch und das unausgesetzte elfstündige Stehen in ewigem Einerlei, oft an ein und derselben Stelle — dies alles zusammen macht unsere Fabrikarbeit zu einer alle Kräfte anspannenden, aufreibenden Tätigkeit[2]."

Die Unfallstatistik der gewerblichen und landwirtschaftlichen Berufsgenossenschaften weist deutlich auf das Abflauen der Spannkraft im Laufe des Tages hin. Hier tritt die psychologische Seite der Ermüdung als Schwächung der apperzeptiven Vorgänge, d. h. in dem Nachlassen der Aufmerksamkeits- und Willensspannung hervor. Nach den Tagesstunden betrachtet, erreicht die Unfallhäufigkeit vormittags zwischen 9 und 12 Uhr, nachmittags zwischen 3 und 6 Uhr ein Maximum[3]. Die Berichte der Fabrikinspektoren betonen vielfach, daß sich die Unfälle besonders in den letzten Stunden ereignen, daß sich ihre Zahl bei kürzerer Arbeitszeit vermindert hat[4].

Aus allen diesen Gründen bringt eine Verminderung der Arbeitszeit Morbidität wie Mortalität mehr oder weniger schnell zum Sinken. Maschinenbauanstalten wie Allan & Co., Baumwollfabriken nach Einführung der Zehnstundenbill, sowie andere Werke konstatieren die bessere Gesundheit ihrer Arbeiter[5]. Eine große deutsche Textilfabrik, die längere Zeit mit wesentlich verkürzter Arbeitszeit arbeitet, findet, daß die Zahl der Krankheitsfälle „in bemerkenswertem Grad" zurückgeht[6]. — Fromont führt 1892 bei der Verhüttung der Zinkblende eine Achtstundenschicht ein. Seit 1893 weist die

---

[1] Die Arbeitszeit der Fabrikarbeiterinnen, S. 108—109. — Calm, Die Berufskrankheiten der Metallarbeiter. Deutsche technische Rundschau, 1904, S. 180. — M. Rubner, S. 737.
[2] P. Göhre, Drei Monate als Fabrikarbeiter, 1891, S. 74.
[3] Reichsarbeitsblatt, 1906, S. 737. — Ein auf eine einzelne Industrie beschränktes Beobachtungsfeld bringt diese Tatsache am besten in Relief. Vgl. z. B. „Arbeiterunfälle an den Holzbearbeitungsmaschinen", 1906, S. 15—16.
[4] Hdb. d. Staatswiss. I, S. 1015. — Jahresber. 1907, S. 493. — Jahresber. d. Großherzogl. Bad. Fabrikinspekt. f. 1903, S. 65.
[5] J. Rae, S. 59. 119.
[6] Die Arbeitszeit der Fabrikarbeiterinnen, S. 109.

Fabrikkrankenkasse bei jedem Abschluß steigende Überschüsse auf, während vor 1892 ein beständiges Defizit geherrscht hatte[1].

Die andauernde Abnahme der Sterbeziffer bei den englischen Bergleuten ist teilweise sicher der Arbeitszeitreduktion zuzurechnen[2]. In Northhumberland beträgt die Arbeitszeit der Häuer:

	1850	1860	1870	1880	1890
wöchentlich	66	54	$45^1/_2$	$45^1/_2$	44 Stunden.

Die Sterblichkeit bei der Northhumberland- und Durham-Unterstützungskasse zeigt pro Mille folgenden Verlauf:

1862—67	1867—72	1872—77	1877—82	1882—86	1886—90
3,83	2,98	1,96	2,64	2,00	1,60

In South-Yorkshire vermindern sich die Erkrankungen 1889, seitdem bei den Bergleuten Achtstundenschicht herrscht, um 28,32 %. — Das Durchschnittsalter der englischen Maschinenbauer hat sich von $38^1/_4$ Jahr 1871 auf $48^1/_4$ Jahr 1889 gehoben. Seit 1872 haben sie den Neunstundentag. „Ein Teil dieser Hebung," sagt Schulze-Gävernitz, „ist unzweifelhaft den allgemeinen sanitären Verbesserungen zu danken, aber höchstens die Hälfte. Die andere Hälfte kommt auf die Abkürzung des Arbeitstages[3]."

Jede Verminderung des Arbeitstages kann auf diesem Wege die wirtschaftlichen und intellektuellen Kräfte der Nation steigern. Der Kräftegewinn des Individuums wirkt der Abnutzung durch die Arbeit entgegen; er stärkt die Widerstandsfähigkeit und verlängert das Leben. Der Arbeiter kann die auf ihn verwandten Ernährungs- und Erziehungskosten der Volkswirtschaft durch mehr Leistung vergüten. Die Betriebe machen Ersparnisse an Kohlen, Beleuchtung, Heizung, Verschleiß der Maschinen, Putz- und Schmiermitteln[4]. Für diesen Betrag rechnet Abbe unter der Voraussetzung, daß die Arbeitszeit von 10 auf 8 Stunden sinkt, in Hinsicht auf Deutschland 30—40 Millionen Mark aus. — Am bedeutsamsten ist indessen der moralisch-intellektuelle Gewinn eines kürzeren Arbeitstages. Die Intelligenz der Bevölkerung stellt Produktivkräfte ersten Ranges dar, „ein Kapital, das zum großen Teil brach liegen bleibt, weil die Bedingungen abgeschnitten sind, unter denen diese Intelligenz voll zur Geltung kommen könnte" (Abbe). Vor allem bedarf dieses Kapitals eine technisch aufsteigende Industrie, die auf geistig und moralisch höher stehende Menschen angewiesen ist. Dieser schon öfters gestreifte Punkt soll in dem folgenden Abschnitt besonders gewürdigt werden.

---
[1] Fromont, Une Expérience Industrielle, p. 82.
[2] C. A. Schmid, Beiträge zur Geschichte der gewerblichen Arbeit in England, S. 34, 36.
[3] Schulze-Gävernitz, Zum sozialen Frieden, 1890, II, S. 269.
[4] H. Fränkel, Die Länge der Arbeitszeit in Industrie und Landwirtschaft, 1882, S. 48. — Sozialpol. Zentralbl., 1894, S. 92. — Abbe, S. 236.

Fünfter Teil.
Kürzere Arbeitszeit — ein technisches Postulat.

Die schweren Schädigungen, die von der modernen industriellen Arbeit ausgehen und die daraus entspringenden Motive zur Verkürzung der Arbeitszeit sind in den vorangehenden Ausführungen zur Sprache gekommen. Die hier untersuchte Tendenz kreuzt sich nun in Wechselwirkung mit der anderen Reihe, daß höhere Technik von sich aus wieder kürzere Arbeitszeiten erforderlich macht. — Wenn es sich auch um eine von zahlreichen Gegentendenzen gehemmte Strömung handeln mag, diese überall hereinspielende Frage muß einmal in systematischer Form mit allen ihren Konsequenzen in den Brennpunkt der Betrachtung gerückt werden.

Die technisch-soziale Entwicklung läßt sich schon lange nicht mehr der von Sismondi, Chevalier, Marx, Reuleaux und anderen aufgestellten Formel: „Zunehmende Entgeistigung der Arbeit durch die Maschine" unterordnen. — Damit ist nun keineswegs ausgeschlossen, daß die gegenwärtige Industrie, besonders die technisch rückständige, eine mehr oder minder große Zahl mechanisch geistloser Hilfsarbeiten aufzuweisen hat. Hier erscheint kürzere Arbeitszeit als ethisches, nicht als technisches Postulat.

Zunächst verstärkt die Einführung verbesserter und arbeitsparender Maschinen die Differenzierung des Personals in qualitativ hochstehende Maschinenführer und ungelernte Hilfsarbeiter[1]. Es liegt aber in der Natur des technischen Fortschritts, daß die Maschine mehr und mehr alle grobe und mechanische Arbeit aufsaugt. U. Wendt sieht die gesamte bisherige Entwicklung von dem Leitmotiv getragen: „Durch die Technik wird die menschliche Arbeitskraft fortschreitend vergeistigt[2]." Wendt stützt seine These durch ein gewichtiges

---

[1] Vgl. zu diesem Punkt A. Du Bois-Reymond, Erfindung und Erfinder, 1906, S. 261. — P. Möller, Aus der amerikanischen Werkstattpraxis, S. 7. — H. Levy, Die Stahlindustrie der Vereinigten Staaten von Amerika, 1905, S. 357.

[2] U. Wendt, Die Technik als Kulturmacht in sozialer und geistiger Beziehung, 1906, S. 34, 284. — In der Tat hat diese Formel viel für

Tatsachenmaterial. Heute sei es falsch, immer auf einige Hilfsarbeiten an der Maschine hinzuweisen, die noch im Takt durch Menschenhand vollzogen werden müßten, und die man von jeher so gern als ein Beispiel der Verdummung der Arbeiterschaft durch die Maschine hinstelle. Diese Hilfsarbeiten verschwänden schon heute in dem großen Getriebe; die ganze Entwicklung dränge dahin, diese Arbeiten dem Organismus der Maschine einzufügen[1].

Für den jetzigen Stand der Dinge mag diese Auffassung viel zu optimistisch gefärbt sein; im ganzen ist die Entscheidung dieser Fragen für die folgenden Erörterungen keineswegs wesentlich. Gerade weil sich die von sinkender Arbeitszeit begleitete Tendenz steigender geistiger Anforderung zunächst an die qualifizierten Arbeitskräfte wendet, werden diese eigentlichen führenden Träger der Produktion den Ausschlag geben. Diese Arbeitskräfte sind knapp und stellen einen wichtigen Faktor im internationalen Konkurrenzkampf dar. Sie sind umsomehr maßgebend, als der industrielle Fortschritt in steigendem Grade auf ein höherstehendes Menschenmaterial angewiesen ist.

Noch einmal sei es gesagt: ob diese Tendenz heute nur einer mehr oder minder großen Elite zugute kommt, ob und in welchem Maße ein anderer Teil zu einem Stück toter Maschine herabgedrückt wird — diese Frage in dieser Allgemeinheit aufzuwerfen und gar zu beantworten, hält sich der Verfasser wirklich nicht für kompetent[2]. Die folgenden Darlegungen haben ihren methodisch festen Rückhalt, indem sie sich darauf beschränken, die Motive und Grundzüge einer bedeutsamen und zweifellos bestehenden Bewegung zu analysieren und herauszuarbeiten. Nach diesen Vorbemerkungen können wir der Sache selbst näher treten.

Schon früher (S. 25 u. 38 dieser Arbeit) wurde darauf hingewiesen, daß die Arbeit mit dem technischen Fortschritt

---

sich, wenn man die Gesamtaspekte großer technischer Epochen einander gegenüberstellt. Primitive, antike, mittelalterliche und moderne Technik spiegeln den Fortschritt von grob-physischer zu geistig-leitender Arbeit wieder. Die Arbeit der Naturvölker beruht überwiegend auf roher Kraftanstrengung (vgl. Bücher, Arbeit und Rhythmus, 1902, S. 10). Auf die physische Anstrengung, die handwerkliche Technik beansprucht, wurde schon S. 57 u. 59 dieser Arbeit hingewiesen.

[1] U. Wendt. S. 28.
[2] Was den Einfluß der modernen Industrie auf Seelenleben und Kulturniveau der arbeitenden Klassen betrifft, so soll dieses noch recht dunkle Problem der Gesellschaftswissenschaften — prinzipiell wenigstens — im Text nicht berührt werden. Es fehlt auch dazu vollkommen an empirischem Material, vor allem an exakten und mit psychologisch fundamentierten Methoden gewonnenen Beobachtungen. Hierin wird vielleicht eine künftige „differenzielle" Psychologie Wandel schaffen. Im Grunde beruhen bisher die meisten allgemeinen Urteile dieser Art zu einem guten Teil auf reinen Impressionen.

vielfach einen neuen Inhalt gewinnt, daß sie trotz zunehmender Automatisierung der Maschine erhöhte Ansprüche an die individuellen Fähigkeiten stellt. In der Technik älteren Stils sind personale und maschinelle Tätigkeit ineinander verwoben. Die Entwicklung schreitet zu einer schärferen Differenzierung der Funktionen. Die Maschine übernimmt mehr und mehr die mechanische Formgebung, die gesamte physische Seite des Produktionsprozesses; der Arbeiter investiert immer weniger persönliche Energie an dem Produkt selbst. Auf der einen Seite durchdringt die Emanzipation von der manuellen Tätigkeit die Technik, auf der anderen tritt die geistige Leitung und Überwachung von seiten des Menschen um so bedeutsamer in den Vordergrund. Seine geistige Direktive der Arbeit, seine verantwortliche und bestimmende Tätigkeit, die technische Aktion im Sinne Emanuel Herrmanns bleibt und nimmt zu. „Man ist aber nicht berechtigt zu glauben, daß etwa mit wachsender technischer Kultur die technische Aktion an Boden verliere. Im Gegenteil..."[1] Auch Bourdeau, Liesse, Kraft, Öchelhäuser, Marshall, Wendt und andere betonen die allgemeine Tendenz steigender geistiger Anforderungen an den Arbeiter bei zunehmender Automatisierung der Maschine[2].

Immer mehr muß sich der Maschinenführer dem Arbeitsinstrument anschmiegen, um es dann zu meistern. Dies Verhältnis von Unterordnen und Herrschen wiederholt gewissermaßen die Gesamthaltung der Technik gegenüber der Natur.

Die teuren kunstvollen Gebilde des modernen Maschinenbaues bedürfen aufmerksamer, ja liebevoller Wartung, die nur intelligente und gebildete Leute während einer nicht zu langen Dauer leisten können. „Je großartiger die Technik sich entwickelt," so sagt ein Kenner der Gewerbehygiene, „je komplizierter die Maschinen werden, je rascher der Gang derselben, um so größer werden die an den Arbeiter zu stellenden Anforderungen, und um so mehr wird die Verkürzung der Arbeitszeit zu einer physiologischen Notwendigkeit[3]". — Zunächst sollen einige Beispiele diese gesteigerten Anforderungen unmittelbarer charakterisieren.

---
[1] E. Herrmann, Technische Fragen und Probleme der modernen Volkswirtschaft, 1891, S. 64.
[2] L. Bourdeau, Les Forces de l'Industrie, 1884, S. 241, 248—249. — A. Liesse, Le Travail aux points de vue scientifique, industriel et social, 1899, S. 102—144, besonders S. 109—111. — M. Kraft, Das System der technischen Arbeit, 1902, S. 119 f. — W. v. Öchelhäuser, Technische Arbeit einst und jetzt, 1906, S. 24. — Marshall, Handbuch der Volkswirtschaftslehre, Bd. 1, 1905, S. 283 f. — Vgl. ferner K. Diehl, Die sozialpolitische Bedeutung des technischen Fortschritts, Jahrb. f. Nat.-Ök. u. Stat., 1908, S. 174—175, und Die Arbeitszeit der Fabrikarbeiterinnen, S. 142.
[3] E. Roth, Gewerbehygiene (Handbuch d. Hygiene, herausgeg. v. Weyl, Bd. 8), S. 27. — Derselbe, Ermüdung durch Berufsarbeit, Ärztliche Sachverständigen Zeitung, 1907, S. 390.

In der Spitzenindustrie von Nottingham hat die Einführung neuer Maschinen die Löhne bis zu 100 % gehoben. Auch die alten Arbeiter hätten die neuen Maschinen bedienen können. Statt dessen stellen die Fabrikanten sorgfältig ausgesuchte, hochgelöhnte Leute an, da ihnen bei der Größe der neuen Kapitalanlage eine Beschädigung der Maschine durch Ungeschicklichkeit oder Trunkenheit sehr peinlich gewesen wäre[1]. — Der Buchdrucker, der die Schnellpresse, eine komplizierte teure Maschine, bedient, wird besser bezahlt als der Setzer, dessen Tätigkeit schon ehemals als eine Art Zwischenstufe von Handwerk und Wissenschaft galt[2]. — Die maschinell betriebene Uhrenfabrikation in Amerika beansprucht höhere Fähigkeiten als das alte System; die Verdienste sind größer[3]. — Ob es sich nun um die große Foudriniere in der Papierfabrikation, eine Maschine von etwa 7 m Weite und 2 m Geschwindigkeit, oder um einen Automaten, der sich mit Stahldraht speist uud fertige Schrauben abliefert, handelt, ob die Bedienung von Setz- oder Sohlennähmaschine in Frage steht, in allen Fällen kommt es auf hochentwickelte Intelligenz und ein ausgebildetes Verantwortlichkeitsbewußtsein an. Ähnliche Eigenschaften setzt die Bedienung moderner Revolverbänke voraus. Die Arbeiter einer italienischen Maschinenfabrik sind zum großen Teil unfähig, derartig verbesserte Maschinen zu leiten[4].

„Die richtige Bedienung einer Maschine," so schrieb jüngst der Techniker Du Bois-Reymond, „erfordert verhältnismäßig hohe intellektuelle Funktionen, sie verlangt im allgemeinen ein Wissen und Nachdenken, welches über das bei den gewöhnlichen Handwerken angewendete oft wesentlich hinausgeht[5]." Mit Recht bezeichnet Wendt die Vorstellung, daß zur Bedienung einer Maschine keine Vorkenntnisse gehören, als laienhaft[6]. In seiner Rede vom 26. Januar 1903 kenn-

---

[1] D. A. Wells, Recent Economy Changes, 1891, S. 371.
[2] U. Wendt, S. 28.
[3] A. Marshall, Hdb. d. Volkswirtschaftslehre, S. 283.
[4] A. Graziadei, Il Lavoro Umano e la Macchina. Giornale degli Economisti, 1899, S. 330. — Hülle, Schnellbetrieb im Werkzeugmaschinenbau, Werkstattstechnik, 1907, S. 480. — G. Schlesinger, Die Entwicklung der Werkzeugmaschinen und ihr wirtschaftlicher Einfluß, Z. d. V. d. I., 1908, S. 424.
[5] A. du Bois-Reymond, Erfindung und Erfinder, 1906, S. 26. — Vgl. ferner Jahresberichte der Kgl. Preuß. Reg.- u. Gew.-Räte, 1906, S. 160.
[6] U. Wendt, S. 240. — Geistiges Verständnis der Maschine tritt an Stelle der Handgeschicklichkeit. Der gelernte Arbeiter „verliert zwar einen Teil der Künstlerschaft, die in der alten Handarbeit beruhte, aber er gewinnt an Maschinenkunde, an Dispositionsvermögen, an schnellem Blick, an raschem Urteil, an höheren Gesichtspunkten. Auch mit Analphabeten ist dem industriellen Betrieb heute nicht mehr geholfen." A. a. O. S. 28.

zeichnet Professor Kammerer die Entwicklung der modernen Maschinenbaukunst. Sie sei bestrebt, allen Handlangerdienst, alle Transportbewegungen der Maschine selbst aufzubürden, so daß der Mensch nur überlegende und regelnde Tätigkeit auszuüben habe, etwa wie der Steuermann eines Schiffes. Die gewaltige Maschine eines modernen Walzwerks mit allen ihren selbsttätigen Hilfsvorrichtungen werde mittels Fernsteuerung von einem einzigen Menschen beherrscht, der keinerlei körperliche Arbeit zu verrichten habe, aber mit Anspannung, Überlegung und Geistesgegenwart sein Reich regieren müsse [1].

Die Tätigkeit des modernen Maschinenarbeiters strengt im ganzen mehr die Aufmerksamkeit, die Nerven und Zentralorgane an als die Muskeln. Sie reibt bei gleicher Dauer stärker auf als mechanische Handarbeit, ermüdet den ganzen Organismus [2]. Unter diesen Umständen wird kürzere Arbeitszeit eine Bedingung des technischen Fortschritts, der, wie Wörrishofer [3] ausführt, dazu zwingt, die Arbeitsdauer zu vermindern, um die Qualität auf der Höhe zu halten. Die unter dem Text gegebenen Hinweise sollen diesen wichtigen Punkt noch etwas mehr herausstellen [4]. — Bei dem großen Streik

[1] In dem neuesten Walzwerk von Krupp, der Friedrich-Alfred-Hütte in Rheinhausen befindet sich ein solches Ungetüm von 16000 PS, das Blöcke von 4—5 t verwalzt.
[2] Vgl. dazu Mosso, Die Ermüdung, S. 280.
[3] Zeitschr. f. d. gesamte Staatswissenschaft, 1893, S. 500.
[4] Jede qualifizierte Arbeit muß mit Lust und Liebe vorgenommen werden; sie bedarf einer genügend langen Erholung, kurzer Arbeitszeit. Was im schlimmsten Fall an Menge verloren geht, wird an Güte gewonnen (vgl. H. Fränkel, S. 30). Jede Ermüdung äußert sich nicht nur in einem quantitativen Sinken, sondern in einer regelmäßigen qualitativen Verschlechterung der Leistung. Der psychologische Versuch zeigt, daß der Gedankengang verflacht und die Spannung der Aufmerksamkeit nachläßt (Kraepelin, Zur Hygiene der Arbeit. Neue Heidelberger Jahrb., 1896, S. 226—227).
Ein Fabrikant behauptet, daß in der letzten Stunde eines Zwölfstundentages mehr unbrauchbare Arbeit geleistet würde als in zwei normalen Stunden (J. Rae, S. 121); ein anderer findet, daß die Fehler nach Einführung des Achtstundentages um 60 % abnehmen (Gewerbl.-techn. Ratgeber, 1903/4, S. 369). — Der Direktor eines Werkes sagte zu Inspektor Horner, daß gewöhnlich die erste Stunde des Tages davon in Anspruch genommen würde, die Verfehlungen der letzten Stunde des vorigen in Ordnung zu bringen. — In der Textilindustrie, besonders in den Webereien erhalten die Arbeiter für fehlerfreie Leistungen Qualitätsprämien (L. Bernhard, Die Akkordarbeit in Deutschland, S. 127). Einem Spinner können zahlreiche Fehler, wie Schleifen im Garn, versteckter Garn, schlechte Aufwindung passieren (H. Fritz, Baumwollspinnerei, S. 32). — Deshalb hat diejenige Massenfabrikation, die unter der Flagge „billig und schlecht" auf den Weltmarkt segelt, am ehesten einigen Grund, eine Schwächung der Konkurrenzfähigkeit durch kürzere Arbeitszeit zu befürchten. Die englische Textilindustrie hat erst bei den hohen Garnnummern, den Qualitätswaren, ihre Überlegenheit gegen den indischen Wettbewerb durchsetzen können (Schulze-Gävernitz, Der Großbetrieb, S. 160).

der Maschinenbauer von 1897—1898 wird festgestellt, daß die Londoner Arbeiter, die qualifizierte Arbeit verrichten, die 48stündige, einzelne sogar die 44stündige Arbeitswoche haben, und daß die Arbeitszeit um so länger, bis zu 54 und 56 Stunden die Woche, dauert, je gröber und niedriger die Arbeit im Maschinenbau ist, wie dies bei den Fabriken der Provinz vielfach vorkommt[1]. Auch aus der großen österreichischen Erhebung über „die Arbeitszeit in den Fabrikbetrieben" erhellt, daß die Qualifikation einen wesentlichen Einfluß auf die Dauer der Arbeitsschicht übt[2]. Wie früher gezeigt wurde, haben die Städte aus diesem Grunde allenthalben kürzere Arbeitszeiten als die ländlichen Gebiete.

Kürzere Arbeitszeit involviert nicht nur einen Zuwachs an Vitalität und Spannkraft; sie macht zugleich ein Mehr an Willen und Intellekt frei, dessen die moderne technische Arbeit bedarf. Zu den von ihr gestellten Aufgaben gehört, wie Öchelhäuser darlegt, vor allem die schwierige Bedienung und Instandhaltung der Kraft- und Arbeitsmaschinen. An Stelle der manuellen Ausbildung tritt eine Entwicklung der geistigen Fähigkeiten. In dieser Hinsicht drängt sich ein bedeutsamer Unterschied auf, wenn man die Wartung der Wasserräder, Windräder und Göpel in älterer Zeit gegen die Tätigkeit eines Maschinisten im Elektrizitätswerk, die Führung einer Fördermaschine bei den Bergwerken oder die der riesigen Reversiermaschine in den Walzwerken hält[3].

Während das Arbeitsinstrument immer kunstvoller und teurer wird, ist die auf den Kopf des Arbeiters kommende Produktmenge ungeheuer gestiegen. In gleichem Maße werden an Intelligenz und Verantwortlichkeitsgefühl steigende Anforderungen gestellt, die nur ein aufmerksamer, zuverlässiger Mann während einer nicht zu langen Zeit erfüllen kann. Schulze-Gävernitz stellt den Puddler alten Stils dem Manne gegenüber, der für den Inhalt eines riesigen Siemens-Konverters verantwortlich ist. 1871—1900 steigt die Zahl der deutschen Arbeiter beim Roheisenprozeß von 23 191 auf 34 743 Mann, d. h. um die Hälfte. Die Produktion aber um das Fünffache von 1,6 auf 8,5 Millionen Tonnen. Die langsamere Zunahme der Arbeiter weist, wie Wendt anführt, darauf hin, daß ein zunehmender Teil der Arbeiterschaft eine mechanische Tätigkeit mit der mehr geistigen Tätigkeit der Aufsicht vertauscht hat[4].

---

[1] A. Tille, Verh., Mitt. u. Ber. d. Zentralverb. deutscher Ind., Nr. 101, S. 55.

[2] Die Arbeitszeit in den Fabrikbetrieben Österreichs, 1907, S. LXV.

[3] W. von Öchelhäuser, Technische Arbeit einst und jetzt, 1906, S. 21. — Eine zweite neue Kategorie gelernter Arbeiter hat ferner Auswahl, Pflege und Nacharbeit der feinen in den Maschinen tätigen Werkzeuge zu besorgen (ibid.).

[4] U. Wendt, S. 241.

Das Spezialkönnen, die Berufsgeschicklichkeit tritt vor Qualitäten, wie Einsicht, Willenskraft, konzentrierter Aufmerksamkeit zurück. Du Bois-Reymond spricht in diesem Sinne von einer Despezialisierung der Arbeit: „Die Menschen müssen sich immer mehr despezialisieren, um sich den Forderungen des modernen Lebens anzupassen, während sich die Maschinen immer mehr spezialisieren[1]." Der neue Typus des „zuverlässigen Arbeiters" entsteht, der pünktlich und genau seine Pflicht erfüllt[2].

In den Mersey-Eisenwerken verdienen die ersten Hammerschmiede 7—900 Pfd. St. jährlich, weil ein mißlungener Schlag des von ihnen geleiteten Dampfhammers ein Stück im Werte von 2500—3000 Pfd. St. verderben kann[3]. — Der Maschinenspinner erzeugt ein 2000 mal, der Weber am Kraftstuhl ein 40 mal größeres Produkt als der Handspinner oder -weber. Ersichtlich hat ein Fehler, der Betriebsstörungen nach sich zieht, bei beiden Kategorien total verschiedene Bedeutung[4]. Die Arbeiterin an der Krempelmaschine trägt für Maschinen von zusammen rund 22 500 Mk. die Verantwortung.

Der Wärter einer Dampfmaschine produziert überhaupt nur Sicherheit. Von seiner Zuverlässigkeit und seinen richtigen Eingriffen hängt der Gang der Fabrik, ja das Leben der Arbeiter ab. Von den 13 Dampfkesselexplosionen, die infolge Wassermangels 1906 in Deutschland stattfanden, waren 7 auf Nachlässigkeit der Bedienung zurückzuführen[5]. Die hohe Verantwortlichkeit, die die Tätigkeit in der modernen Industrie vielfach mit sich bringt, kann sogar Ursache neurasthenischer Erkrankungen werden[6]. Graziadei stellt als

---

[1] A. du Bois-Reymond, Erfindung und Erfinder, 1906, S. 260. — Übrigens macht auch Liesse auf diesen interessanten Punkt aufmerksam: „Mais le machinisme moderne, tendant à exiger de l'ouvrier une surveillance qui implique des connaissances générales et une plus grande extension intellectuelle, il s'ensuivrait que l'ouvrier aurait, en réalité, une spécialisation moins étroite, que ne' l'était celle de l'ouvrier d'autrefois usant des outils primitifs" (Liesse, a. a. O. S. 141).

[2] H. Ehrenberg, Die Eisenhüttentechnik und der deutsche Hüttenarbeiter, 1906, S. 100, 101, 120.

[3] Roscher, Syst. d. Volkswirtsch., Bd. 3, 1899, S. 775.

[4] „Die Kontrolle des mechanischen Webstuhls erfordert eine unausgesetzte angestrengte Aufmerksamkeit, jede Korrektur muß geschickt und schleunigst vollzogen werden, der mechanische Stuhl darf in der beschränkten Arbeitszeit nicht lange stillstehen.... Die Muskelkraft des mechanischen Webers wird weniger angestrengt als die des Handwebers: aber ihr Nervensystem um so viel mehr" (H. Brauns, Der Übergang v. d. Handweberei z. Fabrikbetrieb i. d. niederrhein. Samt- u. Seidenindustrie. Forschungen, herausgeg. v. Schmoller u. Sering. 1906, S. 184.

[5] Z. d. V. d. I., 1907, S. 1558.

[6] G. Heilig, Fabrikarbeit und Nervenleiden, S. 26. — Hellpach (Grenzwissenschaften der Psychologie, S. 192) macht auf den gleichen Umstand als ätiologisches Moment von Neurosen bei Beamtentätigkeit

typisches Beispiel den Postkutscher alten Stils dem Führer eines modernen Schnellzugs gegenüber[1]. Jener trottet in schläfrigem Tempo die Straße entlang; die Pferde finden den Weg fast von allein. Der Mann ist für wenig Menschen und kleine Kapitalien verantwortlich, er flucht und trinkt. Der Lokomotivführer hat bei rasender Fahrgeschwindigkeit angespannt Signale und Schienenstrang zu kontrollieren, sowie den Gang der Maschine ständig zu beobachten. Er trägt für eine hundertfach gesteigerte Zahl von Menschenleben und Kapitalanlagen die Verantwortung. Er repräsentiert den modernen Maschinenarbeiter.

Vorzüglich in Amerika hat die moderne Maschinentechnik einerseits die ungelernte Arbeit vermehrt, auf der anderen aber eine Nachfrage nach ausgebildeten, qualitativ hochstehenden Arbeitern erzeugt. Lawson charakterisiert den Einfluß der arbeitsparenden Maschine auf den amerikanischen Arbeiter mit den Worten: „It has raised his character and enlarged his mind"[2]. Amerika, England und Deutschland besitzen die intelligenteste Arbeiterschaft, wiewohl bei allen die arbeitsparende Maschine machtvoll dominiert. In der englischen Baumwollindustrie feiert sie die größten Triumphe, und doch haben deren Arbeiter die Verfassungs- und Organisationsprobleme des Gewerkvereinswesens am besten gelöst. — Auch in der Landwirtschaft hat die Maschine den Arbeiter geistig und materiell vielfach gehoben[3]. „Die Fähigkeit, vielerlei zu gleicher Zeit im Kopf und alles in Bereitschaft zu halten, wenn man's braucht, das prompte Zugreifen und die schnelle Abhilfe, wenn etwas schief gegangen ist, die rasche Anpassungsfähigkeit an Änderungen im Detail der Arbeit, Ausdauer und Zuverlässigkeit, beständiger Überschuß an Kraft für den Fall der Not" —, so zeichnet Marshall die Eigenschaften, die die moderne technische Arbeit von ihren Dienern verlangt[4].

Wie sehr gerade lange Arbeitszeiten die Aufmerksamkeit abstumpfen, darauf weist eindringlich die schon öfter erwähnte Tatsache hin, daß die Unfälle besonders in den letzten Stunden eintreten, daß sich ihre Zahl bei Reduktion der Arbeitsdauer vermindert hat[5]. Die eine Ermüdung begleitende geistige

---

aufmerksam, „wo mit mechanischer, interesseloser Tätigkeit eine hohe Verantwortlichkeit verknüpft ist".

[1] A. Graziadei, Il Lavoro Umano e la Macchina, Giornale degli Economisti, 1899, S. 330.

[2] W. R. Lawson, American Industrial Problems, 1903, S. 86, 87. — H. Levy, Die Stahlindustrie der Vereinigten Staaten von Amerika, 1905, S. 309–310, 357.

[3] Fr. Bensing, Der Einfluß der landwirtschaftlichen Maschinen auf Volks- und Privatwirtschaft, 1897, S. 62, 75, 76.

[4] A. Marshall, Handbuch der Volkswirtschaftslehre, S. 241.

[5] Siehe S. 77 dieser Arbeit. — In der letzten Resolution des Christlichen Metallarbeiterverbandes heißt es mit übertriebenem Aus-

Lähmung äußert sich in der Verflachung des Gedankenganges und dem Abflauen von Wille und Aufmerksamkeit, d. h. alle apperzeptiven Prozesse sind gehemmt. Im einzelnen kündigt sich diese Lähmung an in einer Verlängerung der Erkennungs-, Wahl- und Assoziationszeiten, in der Schwächung des Gedächtnisses und der Herabsetzung der Übungsfähigkeit[1]. Das schwere Eisenbahnunglück von Thirsk veranlaßte die Midland-Railway-Company die Arbeitszeit ihrer Angestellten zu verkürzen[2]. Bei Leuten, deren Beruf ununterbrochene Anspannung der Aufmerksamkeit mit sich bringt, wie dies bei Schriftsetzern, besonders aber bei den Führern der Automobildroschken der Fall ist, hat zu lang ausgedehnte Tätigkeit schwere Neurasthenien herbeigeführt[3].

Kürzere Arbeitstage gewähren die Möglichkeit, technische und allgemeine Kenntnisse zu erwerben. Bei übermüdeten Leuten sind die Erfolge der Fachkurse minimal. Schon die englische Zehnstunden-Bill hatte eine erstaunliche Vermehrung der Abendschulen im Gefolge. Hier entsprang die höhere technische Bildung des englischen Arbeiters, die die Größe der britischen Baumwollindustrie begründen half. Die hohen Garnnummern wurden schon in den dreißiger Jahren außer in Indien nur in England gesponnen, weil ganz Europa sonst nicht über die erforderlichen gelernten Arbeiter verfügte[4]. Auch unter europäischer Leitung vermögen chinesische Spinner nur die gröbsten Garnnummern herzustellen. Besonders der Weber bedarf eigenartiger Vorkenntnisse. Werden doch in der Weberei je nach dem Artikel außer besonderen Qualitätsprämien verschiedene Lohnsätze zugrunde gelegt, denn einzelne Waren erfordern mehr Wissen und Geschicklichkeit als

---

druck, aber wohl nicht ohne sachliche Berechtigung: „Infolge des forcierten Produktionsprozesses und der hastenden Arbeitsweise, bedingt durch die neuere Hütten- und Walzwerkstechnik, sind die Unfälle ins Ungeheuerliche gestiegen." In dem rheinisch-westfälischen Gebiet kommen auf 1000 Vollarbeiter an Unfällen: 1902 13,6, 1903 14,2, 1904 15,2, 1905 14,6, 1906 16 (Reichsarbeitsblatt, 1908, S. 162. — In dem Feinblechbetriebe des Rothauer Eisenwerkes bessert sich nach dem Bericht des Direktors mit dem Achtstundensystem die Qualität, „weil die Arbeitslust und die Aufmerksamkeit nicht derart ermüdet, wie bei zwölfstündiger Schicht" (Soz.-Pol. Zentralblatt, 1894, S. 91).

[1] S. Bettmann, Über die Beeinflussung einfacher psychischer Vorgänge durch körperliche und geistige Arbeit, Psychol. Arbt., herausgeg. v. Kraepelin, I, S. 171, 194, 208.

[2] Soz.-Pol. Zentralblatt, 1892, Nr. 12.

[3] Nicht nur bei Schriftsetzern, sondern auch bei Tischlern, Schlossern und Mechanikern zeitigt die aufreibende Arbeit in der modernen Industrie öfters derartige Krankheiten (vgl. P. Leubuscher u. W. Bibrowicz, Die Neurasthenie in Arbeiterkreisen, Deutsche Medizinische Wochenschrift, 1905, S. 821).

[4] Schulze-Gävernitz, Der Großbetrieb. S. 58. Vgl. ferner Brassey, Work and Wages, 1872, S. 121.

andere[1]. „Warum," sagt Barrows, Direktor der Willimantic-Garnfabrik in Connecticut, „warum ist Willimantic-Garn weicher und hat mehr Gewicht? Jeder Fabrikant kann die gleiche Wolle und Maschine kaufen. Woher stammt die Überlegenheit unserer Fabrikate? Nur weil sie von Leuten gemacht werden, die mehr wissen ... they put more brains into their work than others do[2]." — Schließlich hat ein intelligenter Arbeiter weniger Abfälle und schont die Maschinen, wie denn ihr Verschleiß in Indien den in England übertrifft. Er braucht weniger Aufsicht. Nach Schulze-Gävernitz kommt in England ein Aufseher auf 60—80 000 Spindeln, in Deutschland auf 10—20 000.

Die Erkenntnis, daß die technische Hochkultur geistig höher stehender Menschen bedarf, hat die Praxis schon lange durchdrungen. P. Möller, der Kenner des amerikanischen Maschinenbaues, Levasseur und andere betonen, daß die amerikanische Industrie einen großen Teil ihrer Erfolge der qualifizierten Arbeiterschaft verdanke, deren weiterer Ausbildung man große Aufmerksamkeit zuwendet[3]. Gerade Deutschland hat allen Grund, das in der Intelligenz seiner Bevölkerung brachliegende Kapital auf jede Weise zu pflegen. Ist doch unsere Industrie durch ihre natürlichen Verhältnisse in steigendem Maße darauf angewiesen, die Fertigfabrikation in den Vordergrund zu rücken[4]. Nicht unter dem Schutze

---

[1] Belgische Fabrikanten behaupten, daß in ihren Betrieben stets eine halbe Stunde verloren ginge, um eine Betriebsstörung zu beseitigen, während die englischen Arbeiter diese wegen ihrer größeren Kenntnisse sofort auffinden (J. Rae, S. 156). „Eine bessere und allseitigere Schulung der mechanischen Weber würde die Produktion verbessern und vermehren. Ein Weber, der seine Arbeitsmaschine genau kennt, der insbesondere auch die Bindung der Gewebe versteht, wird sein Werk viel besser übersehen, er wird sich bei Behandlung und Vorrichtung des Stuhls und des Werkes viel leichter helfen, er wird vorkommende Fadenbrüche schneller reparieren können als ein Weber, der nur einseitig ausgebildet ist" (H. Brauns, Der Übergang von der Handweberei zum Fabrikbetrieb in der Niederrheinischen Samt- und Seidenindustrie, Staats- u. sozialwiss. Forschungen, herausgeg. v. Schmoller u. Sering, 1906, S. 182).

[2] J. Rae, S. 137.

[3] P. Möller, Aus der amerikanischen Werkstattpraxis, 1904, S. 11. — Levasseur, L'Ouvrier américain II, S. 427. — L. Friedländer, Der Nachwuchs gelernter Arbeitskräfte in Amerika. Werkstattstechnik, 1907, S. 123.

[4] Brentano, Die beabsichtigte Neuorganisation der deutschen Volkswirtschaft. Süddeutsche Monatshefte, 1904, S. 277. — F. Naumann, Neudeutsche Wirtschaftspolitik, 1907, S. 111—112. — H. Schacht, Inhalt und Kritik des Zolltarifentwurfs. Jahrb. f. Gesetzgeb. u. Verw., 1902, Bd. 26, S. 791, 805.

In der amerikanischen Stahlindustrie ist z. B. die Qualität der Arbeiter die Hauptursache für die erfolgreiche Entwicklung der Fertigfabrikation des Ostens gegenüber dem Westen gewesen (H. Levy, Die Stahlindustrie der Vereinigten Staaten von Amerika, 1905, S. 314). Großbritannien erblickt in dem Besitz derartig geschulter Arbeitskräfte die wesentlichste Garantie einer zukünftigen industriellen Suprematie.

besonders günstiger Rohstoffbedingungen, sondern allein mit geistigen Waffen, durch die Herstellung von Qualitätswaren allerersten Ranges wird Deutschland der internationalen Konkurrenz, vor allem der amerikanischen Massenfabrikation auf die Dauer ein Paroli bieten können. Abgesehen von einigen Spezialartikeln scheint ja dieser eine gewisse Vollendung zu fehlen, deren allerbeste Qualitätswaren bedürfen[1]. Eine Fertigfabrikation in großem Stil wird wieder von allgemein technischer Kultur und einer fortschreitenden Maschinenbaukunst getragen.

Gewiß trägt unmittelbar die Fähigkeit der Techniker und „captains of industry" den Sieg im Konkurrenzkampf davon. Ebenso sicher ist aber, daß die Generäle der Industrie nichts ohne gutes Rekrutenmaterial, ausgebildete Mannschaften und intelligente Unteroffiziere ausrichten können. An diesen herrscht kein Überfluß, wie denn regelmäßig, besonders in Zeiten guten Geschäftsganges die Klagen über den Mangel an wirklich gelernten Arbeitern wiederkehren[2]. — „Der Sieg im Konkurrenzkampf muß doch schließlich dem Lande verbleiben, das die technisch vollkommensten Produktionsmittel in die Hände der leistungsfähigsten Arbeiterschaft legt" (v. Halle). Unter diesem Gesichtspunkt wird die soziale Reform eine wirtschaftspolitische Notwendigkeit[3]. „In der intelligenten Ausbildung des Arbeiters," so erklärt der Ingenieur Bach, „liegt unter den heutigen Verhältnissen die Kraft der deutschen Industrie — viel mehr als der flüchtige Blick glaubt"[4]. Die führenden deutschen Werke haben in der Erkenntnis dieser Zusammenhänge eigene Fachschulen gegründet, um sich einen leistungsfähigen Arbeiterstamm zu erziehen[5].

— Ein deutscher Stahlindustrieller äußert sich folgendermaßen: „Unsere deutschen Arbeiter leisten vielfach in der Großwalzerei heute ebensoviel, eher mehr als die englischen, aber in den feineren Arbeiten wie sie in der Feinblechherstellung vorkommen und in der Weiterverarbeitung des Feinblechs zu Weißblech ist ihnen der Engländer immer noch über" (H. Levy, a. a. O. S. 357).

[1] Levasseur, Bd. I, S. 114 f. — A. Shadwell. England, Deutschland und Amerika, 1908, S. 315, 341.
[2] Jahresberichte der Potsdamer Handelskammer, Sitz Berlin, 1905, S. 63, 111, 124, 132; 1906, S. 111, 116, 122, 125; 1907, S. 51, 85, 105.
[3] E. v. Halle, Weltpolitik und Sozialreform, Volks- und Seewirtschaft, 1902, II, S. 227. — Vgl. ferner Philippovich, Volkswirtschaftspolitik I, 1905, S. 238—239. Ähnliche Postulate bei A. Tille (Deutsche Industriezeitung, 1901, S. 182, 281) ohne die sozialpolitische Wendung.
[4] W. H. Bach, Werkstattorganisation — „amerikanisch". Werkstatttechnik, 1907, S. 223.
[5] Öchelhäuser, Technische Arbeit einst und jetzt, S. 22, 46. — Über ein einzelnes Beispiel vgl. J. Lilienthal, Fabrikorganisation, Fabrikbuchführung und Selbstkostenberechnung der Firma Ludw. Loewe & Co., 1907, S. 209—220. — Hier soll unter anderem das zeichnerische Verständnis entwickelt werden, einer der vielen Punkte, in dem die handwerksmäßige Ausbildung völlig versagt (Jahresber. d. Kgl. Preuß. Reg.- u. Gew.-Räte, 1906, S. 160).

Sechster Teil.
Die ethischen Voraussetzungen kurzer Arbeitstage.

Den Gegenstand der abschließenden Betrachtung, der wir uns hiermit zuwenden, bildet eine der wichtigsten Voraussetzungen für die günstigen physisch-geistigen Wirkungen kürzerer Arbeitstage. Es handelt sich um den richtigen Gebrauch der freien Zeit. Für den Lohn liegt eine analoge Sachlage vor. Finden steigende Verdienste eine kulturell wertvolle Verwendung? Beide Fragen hängen eng zusammen und stehen in Wechselbeziehung, denn die Verbesserung der Arbeitsbedingungen geht pari passu auf der ganzen Linie vor. Bessere Lebenshaltung und kurze Arbeitszeiten, langer Arbeitstag und niedrige Löhne begleiten einander in der Realität, sind zwei Seiten einer und derselben Erscheinung, die auch theoretisch zusammengehören. Die Frage, ob die Verbesserung der Arbeitsbedingungen richtig ausgenutzt wird, ob ihr ein entsprechendes Aufsteigen der arbeitenden Klassen folgt, ist für beide Seiten des Problems stets in gleichem Sinn zu beantworten. So mündet die Darstellung wieder in die allgemeinen Zusammenhänge von Arbeitsbedingungen und Arbeitsleistung ein, von denen diese Arbeit anfänglich ausging.

Je nach Volkscharakter und Umständen muß die Wirklichkeit ein wechselndes Bild bieten. Bedürfnislose Hindu oder träge Neger werden durch bessere Arbeitsbedingungen keineswegs auf eine höhere Stufe der Kultur gehoben[1]. Im 18. Jahrhundert treten in England Männer wie Petty, Temple, Houghton, Child, Postletwhait, Foster für lange Arbeitszeiten, niedrige Löhne und hohe Preise ein[2]. Hohe Verdienste sind kein Sporn zur Arbeit; jeder Zuwachs über das Existenzminimum hat nur mehr Biergenuß und Rausch zu bedeuten. Nach A. Young sind die Kaufleute von Manchester der Meinung, daß die Tuchmacherei bei niedrigen Getreidepreisen verfallen müßte.

---

[1] Th. Brassey, On Work and Wages, 1872, S. 88. — S. v. Waltershausen, Hdwb. d. St. Art. Negerfrage V, S. 793.
[2] Schulze-Gävernitz, Der Großbetrieb, S. 2 f.

Brentano hat die Erklärung für diese pessimistischen Anschauungen gegeben. Sie stellen die Kehrseite der Medaille den tatsächlichen Zuständen gegenüber dar, trafen für die Trägheit und Bedürfnislosigkeit, die physische und moralische Verkommenheit der damaligen Arbeiter vollkommen zu. Für die entsprechenden Verhältnisse auf dem Kontinent sei nur auf Schmollers Charakteristik der Arbeiter von 1750 bis 1800 verwiesen[1]. Erst eine andauernde Hebung der unteren Klassen konnte hier einen Umschwung herbeiführen. Anfangs werden viele höhere Löhne und kürzere Arbeitszeiten mißbrauchen; einzelne werden sie niemals zweckmäßig verwenden. Auf die Dauer überwiegen immer bei weitem die günstigen Folgen[2].

Schon bei Tucker, dann vornehmlich bei Adam Smith ist eine Wendung der Ansichten eingetreten. Smith ist für hohe Löhne und niedrige Preise, da gutgenährte, frohlaunige und gesunde Menschen besser arbeiten als schlecht ernährte, mürrische, kranke[3]. Ihren systematischen Ausbau und empirische Begründung fanden diese Gesichtspunkte später bekanntlich in den Schriften des Lord Brassey[4]. Die günstigen Wirkungen von Lohnsteigerungen treten erst in allmählichen Etappen von Person zu Person ein; sie sind weniger leicht kontrollierbar. Da sie den kürzeren Arbeitszeiten voranzugehen pflegen, sind die Erfolge dieser um so spürbarer.

Schon 1849 führt die Zehnstunden-Bill zu einer erstaunlichen Vermehrung der abendlichen Fachkurse. In Leeds steigt ihre Zahl um 50, sie wächst in Manchester und Blackburn; in Bolton und Stockford verdoppelt sich die Besucherzahl[5]. Diese Resultate sind um so erfreulicher, als der englische Arbeiter früher wegen seiner Trunksucht und rüpelhaften Aufführung berüchtigt war. Übrigens berichtet schon Young gelegentlich 1771, daß die Bergleute von Yorkshire einen halben Tag frei hatten, den sie im Wirtshaus zubrachten, bis der Arbeitgeber jedem ein Stück Land gab. Das verwandelte sie in häusliche und fleißige Leute[6].

Gerade die durch lange Arbeitszeiten herbeigeführte Erschöpfung treibt dazu, die Nerven durch scharfe sinnliche

---

[1] Schmoller, Grundriß der allgemeinen Volkswirtschaftslehre II, 1904, S. 267.
[2] Vgl. F. A. Lange, Die Arbeiterfrage, 3. Aufl., 1875, S. 155.
[3] A. Smith, Wealth of Nations, Ed. Routledge, 1893, S. 63—64.
[4] „High wages and short hours of work may not be found incompatible with a diminished cost of production; and low wages and long hours may sometimes prove less advantageous to the employer than shorter hours of labour and a higher rate of wages (Brassey, S. 95).
[5] J. Rae, S. 136. — H. v. Nostiz, Das Aufsteigen des Arbeiterstandes in England, 1900. S. 509.
[6] J. Rae, S. 11.

Reize, vor allem Alkohol, anzuregen[1]. Zahlreiche Zeugenaussagen vor der „Royal Commission on the Relations of Capital and Labour in Cannada 1889" betonen, daß der überanstrengte Arbeiter mehr dazu neigt, den Körper durch alkoholische Getränke zu beleben, als der Mann, der die Arbeit verläßt, bevor seine Kräfte erschöpft sind[2]. Die Erhebungen der Royal Commission on Labour 1891 bestätigen, daß der Achtstundentag den Temperenzvereinen neue Mitglieder zuführt. Viele Arbeitgeber, besonders aus dem Textilgewerbe und Bergwerk berichten, daß die freie Zeit gut ausgenützt wird. An den Hochöfen von Westcumberland erhöht z. B. die Verkürzung der Arbeitszeit die Mitglieder des Temperenzlervereins um 50 %. Lesebibliotheken werden begründet[3].

Fromont stellt fest, daß mit dem Eintritt des Achtstundentages der Alkoholgenuß innerhalb und außerhalb der Fabrik verschwindet. „Ses habitudes répréhensibles ont fait place à la sobriété, à l'ordre, à la bonne tenue et à la propreté. L'esprit de nos ouvriers s'est notablement modifié." Die mit dem Achtstundentag 1892 begründete Fabrikssparkasse hat bis 1904 eine steigende Zahl von Teilnehmern und Beträgen pro Kopf zu verzeichnen[4]. — Trotz hoher Löhne und kurzer Arbeitszeiten sinkt der Alkoholismus beständig in Australien. Dies geht aus dem Verbrauch an Getränken, wie aus der Statistik der Schankläden und der Verhaftungen wegen Trunkenheit hervor. Dagegen steigt der Bücherkonsum, während die Zahl der Polizisten pro Kopf abnimmt[5]. Nach der Reduktion der Arbeitszeit in den australischen Baugewerben wurde erwartet, daß der Achtstundentag den Trinkhäusern von Sidney zugute kommen würde. Dies trat nicht ein. „Dagegen hatte die Kunstschule, in welcher mechanisches und Freihandzeichnen, Modellieren, Malen u. dergl. gelehrt wurde, die Zahl ihrer Zimmer zu verdoppeln; die Arbeiten wurden von da an kunstvoller und intelligenter ausgeführt[6]."

K. Oldenberg macht gelegentlich der Arbeitszeitverkürzung im Bäckereigewerbe auf die schlechten Erfahrungen der Sonntagsruhe und die Gewohnheit des blauen Montags aufmerksam. Er nennt die Fiktion, daß sich die jungen Arbeiter in ihren Mußestunden Kunstgenüssen oder der Fortbildung widmen,

---

[1] Vgl. A. Kolb, Als Arbeiter in Amerika, 1904, S. 75. — H. v. Nostiz, S. 508.
[2] S. Webb and H. Cox, The Eight-Hours-Day, S. 148.
[3] Royal Comm. on Labour, 1891, Group A, vol. II, p. 258. — H. v. Nostiz, S. 509.
[4] Fromont, Une Expérience Industrielle, S. 82, 85, 86.
[5] St. Bauer, Arbeiterfragen und Lohnpolitik in Australasien, Jahrb. f. Nat.-Ök. u. Stat., 1891, S. 668. — J. Rae, S. 304—308.
[6] Auszug aus einem amtlichen Bericht im „Volksstaat", Jahrg. 1873, Nr. 31. Zitat nach H. Fränkel, Die tägliche Arbeitszeit in Industrie und Landwirtschaft, 1882, S. 72.

eine „grausame Ironie". Oldenbergs Urteil wird in keiner Weise den höheren Schichten der gelernten Arbeiter gerecht, wenn es für einzelne Fälle und gewisse Gewerbe auch zutreffen mag. Übrigens kommt es nicht gerade auf „Kunstgenuß", sondern auf eine vernünftige Ausspannung und Erholung der Kräfte an.

Ein Sachkenner wie Stieda tritt dafür ein, daß der deutsche Arbeiter bei weiterer Kürzung der Arbeitszeit seine freie Zeit gut ausnutzen wird[1]. Gerade die instinktive Sehnsucht nach höherer Kultur liegt zu einem guten Teil der großen Bewegung, die auf Minderung der Arbeitszeit gerichtet ist, zugrunde[2]. — Tille vergleicht die Ergebnisse der großen Industrieenquete von 1878, die Textil- und Eisenindustrie umfaßte, mit den heutigen Zuständen in bezug auf die Leistungsfähigkeit der Arbeiter[3]. Die Fortschritte sind überwältigend, während zugleich die Dauer des Arbeitstages seit 1878 ganz bedeutend gesunken ist.

Als der Fabrikant Freese den Achtstundentag einführte, haben die Frauen der Arbeiter Angst vor dem Kneipengehen der Männer. Dies hat sich nicht bestätigt. Die Leute füllen ihre freie Zeit mit Spazierengehen, Arbeit in Laubenkolonien u. dergl. aus. Die Leserzahl der Bibliothek ist gestiegen[4]. Die Gewerbeinspektoren berichten, daß von mißbräuchlicher Benutzung der vermehrten freien Zeit nichts zu bemerken ist, daß sich die Leute der Familie, dem Ackerbau oder Haus- und Gartenarbeiten widmen[5]. Auch das Blaumachen hört mehr und mehr auf, besonders nach Kürzung des Arbeitstages[6]. Ebenso trifft die Behauptung, daß die Arbeitsleistung an den Montagen um 20—25 % sinkt, vielfach nicht mehr zu. Wo dies dennoch der Fall ist, wird, wie früher angedeutet wurde, noch lange nichts für alle Arbeiter bewiesen (siehe S. 75 dieser Arbeit).

Übrigens spielt auch das Wohnungsproblem in die in Frage stehenden Verhältnisse herein. Ein Mann, dessen Wohnstätte alles andere als ein „freundliches Heim" bedeutet, ist der Versuchung des Wirtshauses weit mehr ausgesetzt als der, auf dessen Behausung ein Schimmer von Daseinsfreude

---

[1] Stieda, Hdwb. d. St., V, Art. Normalarbeitstag, S. 989.
[2] V. Böhmert, Die zweckmäßige Verwendung der Sonntags- und freien Zeit. Schriften der Zentralstelle für Arbeiterwohlfahrtseinrichtungen, Nr. 2, S. 23. — Brassey, Work and Wages, S. 148. — H. v. Nostiz, S. 505—506.
[3] A. Tille, Verhandl., Mitt., Ber. d. Zentralverb. deutsch. Industr. Nr. 101, S. 56.
[4] H. Freese, Fabrikantensorgen, 1896, S. 20—21.
[5] Ber. d. Kgl. Preuß. Reg.- u. Gew.-Räte für 1902, S. 196; 1904, S. 307; 1905, S. 361; 1907, S. 95. — Die Arbeitszeit der Fabrikarbeiterinnen, S. 115—116, 318.
[6] Jahresber. für 1904, S. 72. — Diese erfreuliche Tatsache wurde dem Verfasser durch persönliche Auskünfte bestätigt.

und Gemütlichkeit ruht. Obgleich sich allmählich eine Besserung anbahnt, lassen die deutschen Zustände bekanntlich noch viel zu wünschen übrig[1]. In moralischer wie hygienischer Hinsicht werden bessere Wohnungsverhältnisse die Ausnutzung der Ruhezeit künftig ergiebiger gestalten und die segensreichen Folgen kürzerer Arbeitszeiten weiter verstärken.

Die Verbesserung der Arbeitsbedingungen ist unter ethischen, ökonomischen und sozialen Gesichtspunkten gleich bedeutsam. Sittlicher und wirtschaftlicher Fortschritt stehen in Wechselbeziehung; sie sind als zwei Seiten des gleichen Kulturprozesses einander unentbehrlich. — Die englische Entwicklung bleibt das lehrreichste und anziehendste Beispiel einer solchen Hebung der arbeitenden Klassen. In ihrem neuesten Stadium scheinen gewisse dunkle Punkte aufzutauchen, deren Bedeutung und Tragweite zurzeit wohl niemand richtig abzuschätzen vermag. Derartige historische Prozesse verlaufen wohl selten ohne Gegentendenzen, Schwankungen, Haltepunkte, gelegentliche Rückschläge. Sie gleichen mehr der Spirale als der geraden Linie. Im Geistigen ist es eben, wie Lessing einmal schön sagt, nicht wahr, daß die kürzeste Linie immer die gerade ist.

So stellen die zurzeit in England auftretenden Symptome aller Wahrscheinlichkeit nach mehr vorübergehende, unvermeidliche Störungen als Zeichen der Zersetzung und des Verfalls dar. Ob und wie weit die Vorwürfe der go-easy-Politik, des Müßiggangs, der Pflichtvergessenheit und Bequemlichkeit, der Verschwendung und physischen Degeneration wirklich berechtigt sind, kann erst die Zukunft lehren[2]. In dem Leben der Völker — eindringlich haben das wieder die Japaner gezeigt — garantieren letzten Endes allein die ethischen Qualitäten den Fortschritt. Eine Nation, die dieser Fähigkeiten ermangelt, ist dem Niedergang geweiht, ob die Arbeitstage nun etwas länger oder kürzer, die Arbeitsbedingungen etwas mehr oder weniger gut sind.

[1] Fuchs, Art. Wohnungsfrage, Hdwb. d. St. VII. — A. Shadwell, England, Deutschland und Amerika, S. 412 f., 421—422. — Philippovich, Volkswirtschaftspolitik II, S. 337. — Herkner, Die Arbeiterfrage. 1905, S. 629 f.
[2] A. Shadwell, S. 600. — Schulze-Gävernitz, Britischer Imperialismus und englischer Freihandel zu Beginn des 20. Jahrhunderts. 1906, S. 361, 390.

Printed by Libri Plureos GmbH
in Hamburg, Germany